国際危機と日本外交

国際危機と日本外交

——国益外交を超えて——

神余隆博著

信山社

まえがき

近年、日本国民の外交に対する関心はとみに高まってきている。一〇数年前の湾岸危機以来、日本外交は北朝鮮の核・ミサイル開発、拉致問題、九・一一テロ、アフガニスタン戦争、イラク戦争、日本人外交官の殉職、自衛隊のイラク派遣等立て続けに大きな危機に直面してきた。今ほど日本の外交力と危機管理能力が問われている時代はない。

また、そのような外交と危機管理の成果を評価する基準として、国益が前面に登場してきた。もちろん、国益の実現は外交の基本である。しかし、それだけで外交を語ってよいものか、外交の現場にあってそのことを考えてきた。

しばしば政治家に限らず専門家までが、「外交は国益を実現することである」と一刀両断に語り、そこで議論が足踏みしている。外交には国家と国民の利益や損得以上のものがあるにもかかわらず、国益ですべてが語られる。言論界も例外ではなく、日本は二一世紀においていかに賢く立ち回るか、世界といかに上手につき合うかといった実利的国益中心の外交論が少なくない。

他方、今日国民の外交を見る目には極めて厳しいものがある。また、一連の不祥事による外務省不信も手伝って、日本外交は重大な試練と信頼性の危機に直面している。日本外交への不満が少なからず表明されているが、その理由の一つに国家の重大な危機、日本の真価が問われる国際問題において、外交が必ずしも十分に国家の威信と尊厳を示していないとみられていることがあるのではないかと思われる。

今後、日本外交を国益は勿論、国家の威信も確保するものにするにはどうすればよいのか。そのような問題意識をもって、冷戦の終焉から今日に至る一〇有余年の同時代史を振り返り、三つの大きな危機（湾岸、コソヴォ、イラク）と人類ならびに文明への挑戦の問題に世界と日本の外交がどう取組んできたのかを省察してみたいと考えた。そして、そこから外交における成功と失敗の原因を探るとともに、日本外交にとっての教訓を導き出してみたいというのが本書の動機である。

世界に目を転じれば、米国への圧倒的なパワーの集中と米国の一国主義的行動によって、世界秩序は大きな試練に立たされている。しかし、この米国による覇権安定的な世界秩序も拡大EUと中国の世界の舞台への登場により、遠からず多極化に向かう予兆を示している。そのような中で起きたイラク戦争をめぐる欧米の対立は、国際政治に新たな地政学的な断層線を作り出した。今後も一極世界か多極世界かをめぐって米国と欧州、あるいは米国と中国、米国とロシア等との間で相克が生じる可能性が存在している。

今日人々の不安は、二一世紀の世界が戦争と暴力の世紀であった二〇世紀とどう違うものになるのかについて、予測と判断がつかないことにある。二一世紀の世界はどうなるのか、日本はしのびよる多極化に備えて何をしなければならないのか。本書においては、そのような観点から米国、欧州、国連、核兵器という世界平和を左右する大きなテーマについて議論の材料を提供するとともに、テロ、グローバリゼーション、文化遺産の破壊という人類と文明への挑戦の問題を考える手掛りも探ってみた。

九・一一米国同時テロとそれに続くアフガニスタンとイラクの人道・復興支援への日本の貢献は、一〇数年前の湾岸危機で日本外交が味わったトラウマを克服する威信回復の外交であった。それはまた、日本外交を取り巻く内外の環境が極めて厳しい中での国益を守る外交でもあった。そのような外交のフロンティアに立つのは、いつの時代も気概と勇気をもつ人たちである。

イラク復興支援のため同国に派遣され、任務遂行中に殉職した奥克彦大使や井ノ上正盛一等書記官のような気概と勇気をもつ人物は、外務省や日本の政府部門のみならず地方や民間の各分野にも多くいる。かつて、カンボジアの平和構築の任にあたり殉職した高田晴行警視や国連ボランティアの中田厚仁氏のようなひとたちである。しかしながら、そのようなシヴィリアンの気概と勇気は安全が確保される中で発揮されなくてはならない。外交や平和のための貢献は肉体的、精神的犠牲の累積の上に築かれてはならず、悲劇の主人公はこれ以上出さない環境の整備が必要である。

本書においては、さしあたって二一世紀前半における日本の外交戦略は何か、国益を実現し威信を確保するための外交とは何かについて、可能な限り具体的に意見を述べたつもりである。すでに公表された小論も含まれているが、果たして十分に意を尽くせたか思い違いはないか常に不安はつきまとう。外交という仕事を志し外交の現場にいる者の一人として、日本外交への真摯な批判は筆者自身も甘受しなければならない。外務省と日本外交への不信がなお根強く存在する中で、本書がいささかなりとも外交の本質に関する議論の資となれば幸いである。

平成一七年二月一日

神余隆博

（本書において示された意見や考えは著者の個人的な見解であり、所属する組織の意見や立場を示すものではない。）

目　次

目次

第一章　国益と外交

一　外交の三要素

国益実現だけが外交か

外交が国益を実現するために行われるものであることは、当然のことである。自己の便益を最大化することは、ホモ・エコノミクス（経済的人間）のとる合理的な行動として経済学の根本的な前提であり、また、自己の利益のためには他人を裏切るとする「囚人のジレンマ」理論の基本原理でもある。しかし、経済も政治も外交も便益最大化と自己保存の行動によってのみ動かされているのではなく、近代経済学や政治理論でも説明しきれないものを常に内包している。それが人間の行う実際の生きた政治・社会行動であり、外交である。

選択行動理論で有名なパレート（Vilfredo Federico Damaso Pareto）というイタリアの経済学者が指摘した、人間の六つの基本要素の内の二つの要素（「新しい組み合わせを見つけ出そうとする意欲」と「個人よりも全体を優先させようとする利他的性向」）からも明らかなとおり、人間は必ずしも常に自己の利益のためのみに行動する存在ではないということである（森嶋通夫『なぜ日本は没落するか』岩波書店、一九九九年）。外交も人間が行う行動である以上、これと同様である。

日本に限らず、どの国でも外交を見る国民の目には厳しいものがある。特に、昨今日本においては、外交は国益を実現するためにあるものだということが政治やマスコミにおいて喧伝され、ＯＤＡ（政府開発援助）やＰＫＯ（国連平和維持活動）を含む自衛隊の海外派遣、そして人道的な復興支援までもが国益の文脈において議論されることが少なくない。国益という概念は本来、国家が外交その他の手段を通じて確保しようとする具体的な利益や状態ならびに権利関係と定義することができる。しかし、この概念は抽象的なものであり、広く解釈すればおよそ自国の便益を最大にするものなら何でも含み得る。本書で国益という場合には、先に定義した狭義の国益を意味している。

一方、外交は国際協調を達成するためにも行われるのであるが、それは当然とばかりに、国益の大合唱にかき消されがちである。そこでこの際確認しておかなければならないことは、外交の第一要素たる国益の実現は外交にとっては必要条件ではあっても、十分条件ではないということである。

では、日本外交を他国から一目おかせ、国民からも信頼されるものにしていくための必要十分条件とは何であろうか。それに対する筆者の答えは、［外交＝国益実現＋国際協調＋威信の確保］だと考える。威信は尊厳と置き換えてもよい。国際協調（パレート流に言えば国際関係の新たな組み合わせを見つけ出そうとする意欲）が達成されなければ外交の成果（国益）は保証されないので、第二要素たる協調は外交にとって触媒のようなものである。なお、しばしば「開かれた国益」という考え方が議論されることがある。「国益」は本来自己中心的なものであるが、あえて「開かれた」という場合には、狭隘なナショナリズムに偏ったものであってはいけない、ということを言わんとしているものと思われる。筆者は、その意味での国益の親和性については、「国際協調」という外交の第二の要素によってカヴァーされると考える。

また、外交には極めて稀なケースを除き一人勝ち的なゲームはなく、相手に対して譲歩を行うことも必要となる。そのような場合も含めていかなる場合も最低限国家の威信を確保すること、国家と国民の矜持を保つことが外交の究極的な使命である。この第三の要素である威信の確保は、外交のもつ精神的価値であると言える。

外交におけるエートスとは

狭義の国益における損得勘定がはっきりしない場合や、小異を捨てて（中国では小異を残してと言う）大同につかざるを得ないような場合には、特に威信の確保という外交のエートス（道徳的な慣習）が重要になる。むしろ、外交官はこれを職業的使命感とみなさなければならない。第一次世界大戦における敗戦により革命の雰囲気がみなぎっていたドイツのミュンヘンで、社会学者のマックス・ヴェーバー（Max Weber）が一九一九年一月に行った有名な「職業としての政治」という公開講演の一節に、「国民は利益の侵害は許しても、名誉の侵害、中でも説教じみた独善による名誉の侵害だけは断じて許さない。」とある（マックス・ヴェーバー『職業としての政治』脇圭平訳、岩波文庫、一九九九年、八四頁）。外交における威信とはそのようなことを意味している。

このことは、昨今我が国の周辺において台頭しつつある、資源や領土・海洋権益をめぐるナショナリズムの動きをどう制御するかという重要な問題とも関係してくる。欧州では、統合が進むにつれて、

ＥＵ（欧州連合）という共通の価値観と政治・経済制度をもつ共存空間の中に各国の経済的な要求やナショナリズムを埋没させることに一応成功しているように見える。二一世紀において世界経済の中心となることが予想されるアジアにおいても、領土や資源をめぐる確執そしてナショナリズムをどう制御するかが、外交の最大のテーマの一つとして浮上してくるものと思われる。単純に国益という次元での処理が極めて困難なこの種の難問に敢えて対処せざるを得ない場合、国家の威信の確保や尊厳を守るというエートスは最低限譲ることのできない重要な外交の使命であり、足して二で割る国益を補う外交の付加価値といっても差し支えないであろう。

外交のパレート最適を求めて

近年日本の対米、対中外交そして北朝鮮への対応等において国際社会と国民の目に映る日本外交の姿が「追随」、「弱腰」、「宥和」と見えることがあるとすれば、それは前述の［外交＝国益実現＋国際協調＋威信の確保］の三要素の中で第三要素の「威信の確保」を必ずしも十分に行ってこなかったか、あるいは行ったとしてもそれを十分に国民に示してこなかったことに原因があるのかもしれない。日本は戦後、吉田（吉田茂元首相）外交以降、日米同盟の下で軍事と安全保障に人的・物的資源を傾斜投入せず経済大国化を目指し、国連をはじめとする各種国際機関に加盟するなど国益と国際協調を両立させる外交を行ってきた。敗戦国から立ち上がった国の外交としては、優等生の外交といってもよいだろう。

しかし、世界第二の経済大国となった現在、成熟した国家の外交は経済的な損得勘定だけでは品位がなく、国際協調だけでも物足りない。外交は国家が演じる国民の物語であると思うが、それは国民の共感を呼び、民族の自信につながるものでなければならない。

かつてナポレオンの敗退で荒廃した祖国の威信と民族の尊厳を死守した、ウィーン会議時代のフランス外相タレラン（Charles-Maurice de Talleyrand-perigord）や第二次大戦のドイツ占領下英国に亡命したドゴール（Charles de Gaulle）将軍が祖国帰還後行ったようなしたたかなフランス流「威信回復」外交は、アメリカの占領と保護下の日本には縁の薄いものであった。このことが、外交の第一要素（国益）と第二要素（国際協調）をもって外交とする考え方にさしたる疑問を抱かせず、強者と世界の時流への同調こそが日本の国益と考える風潮を助長してきた面があることは否めない。そして、今日その点に日本外交の物足りなさへの不満が潜んでいることも見逃せまい。

今後は、EUや中国がそしていずれブラジルやインドが世界の政治と経済において中心をなす勢力（極）として登場してくると思われる。このようにして訪れるであろう多極化の世界においては、国家間の国益を調整することが一層複雑かつ困難で、より混沌とした国際関係が生じてくるものと予測される。それだからこそ国益の衝突を避け、他国の国益との共存を目指すことがますます重要になってくる。そして、それを補完する意味で日本や諸外国の外交にとって国益実現と国際協調の達成に加えて、威信の確保という精神的な価値をどう実現するかが問われてくる。今後の日本外交においては、この外交の三要素を同時に満たす解（パレートに従えば、他人の満足を減じることなしにはいかなる個人の満足をも増加し得ない状態＝パレート最適）を見出す努力がますます必要な時代になってくるものと思われる。

責任倫理が問われている

作家で元経済企画庁長官の堺屋太一氏は、二〇〇一年三月号の月刊誌『文芸春秋』誌上で「平成官僚は無能すぎる」と題し厳しく批判する中で、最も罪深いのは外務省だと断じている。

曰く、「ベルリンの壁が崩壊して冷戦が終わると西側陣営も消滅。日本の外交の基本方針がなくなってしまったのです。そこで外務省は二つの戦術的目標を出しました。そのひとつが北方領土の返還、もうひとつは国際連合の安全保障理事会の常任理事国入りです。……いずれにしろ、両者ともこの一二年間に何の進展もなかったことは明らかな事実です。要するにこの一二年間外務省は日本外交の基本方針を打ち出すことも、打ち出すべきだと問題提起することもしていません。外務省が精を出していたのは外交ではなく、単なる社交でした。」

外交に限らず、日本全体が冷戦とバブルがはじけて以来大きな目標を喪失してきたことは否めない。堺屋氏自身も「外交だけではありません。日本はあらゆる点でこの一二年間にアジアの中心からアジアの片隅になってしまいました」と認めている。冷戦が終わって今日までの一五年間に、外務省が精を出していたのが社交だけとは堺屋氏一流のレトリックであるが、日本と世界がその間どのような問題と危機に直面し、どのような外交を行ってきたかを筆者の経験も含めて紹介しておかなければ、読者もフェアーな判断を下すことはできないであろう。堺屋氏の指摘に対する筆者なりの答えは本書においで示したつもりであるので吟味頂ければ有難い。

それにしても昨今書店を眺めると、日本の衰退だの、没落だの、滅亡だのとありとあらゆる悲観論が喧伝されている。国家の存亡だけで歴史を語ってはならないと言われるが、日本の危機の本当の原因は何なのか。堺屋氏の言うような官僚の無能さという矮小化されたところに問題が所在するのではない。危機を実感するまで対処が行われないことと、過去の危機の経験が生かされにくいという国民性に原因があるのではないかと思われる。たくましい想像力を働かせて過去の危機を疑似体験し、今こそ日本の再生のために政府と国民がそれぞれの分野において心血を注ぐことが肝要である。国際面でもすでに日本を巻き込む様々な危機が訪れている。これ以上の危機の到来を待つ必要はないのであり、国際情勢の根本的な変化に即応した外交と危機管理、日本人の知恵とパワーを活用した「国益を超える外交」を展開すべき時がきていると思う。

現在、年間一兆円を超える世界のトップクラスの純利益をあげている日本の企業はトヨタである。そのトヨタがなぜ危機に強い体質をもっているのか。カイゼンやカンバンといったトヨタ式生産方式もさることながら、その根本哲学である人を大切にし、「地道に愚直に、徹底的に」邁進するところが成功の秘訣であるといわれる。今こそ日本人の自覚のもとで「地道に愚直に、徹底的に」、日本を再びアジアと世界の中心に戻す努力をしなければならない。

マックス・ヴェーバーが言ったように、「あらゆる政治行動の原動力は権力（暴力）である。政治は政治であり、倫理ではない。そうである以上、この事実は政治の実践者に対して特別な倫理的要求を突き付けずにはいない」（前掲『職業としての政治』）のであって、政治家には厳しい責任倫理（Verantwortungsethik）が求められる。これは時代を問わず、政治と外交の任にあたるものに等しく突きつけられる要求と受け止めておくべきであろう。

政策決定者がかかえる時間的プレッシャーとその時点ではだれも分からない推測と判断に基づいて変化をコントロールすること、そしてその結果は後世の人と歴史が判断すること、まさにそれが政治と外交の宿命である。危機を実感しようとして決定を先に延ばしたり責任を回避することは、政治家としても外交官としても失格である。政治家も外交官も国民のために判断と行動を短時間の内に行わなければならず、また、そこに特別な責任倫理が要求されるとすれば、その使命はいつの時代も極めて重い。

二　国益外交の限界

日本外交の覚醒

外務省は明治二年に創設以来、何度か深刻な危機に見舞われている。第一の危機は、外交一元化を死守せんとする東郷茂徳外務大臣の辞任を招いた戦前（一九四二年）の大東亜省設置問題であった。第二の危機は、米軍占領下で「外交なき外務省」として存在していた終戦連絡事務局の時代であり、日独伊三国軍事同盟を主張し、敗戦に導いた革新派（枢軸派）を排除しなければならないという問題であった。そして、第三の危機が報償費の不正使用やプール金問題、特定政治家との癒着等で揺れた二〇〇一年の外務省腐敗問題である。

二一世紀の冒頭に生じた外務省の危機は、外務省と日本外交に対する信頼性の危機であり、外交の機能停止をもたらしかねない深刻な危機であったといってもよいであろう。確かに、外務省と日本外交は危機の時代にあるが、激動する国際情勢の中で徹底した外務省改革と国際危機への対応は同時並行的に進められなければならない。外交は一時たりとも休止することは許されないのである。

そのような中で、二〇〇一年九月一一日に起きた米国同時テロ事件はポスト冷戦の国際情勢を一変させ、新たな世界秩序を構築する動きが開始される分岐点となるものであった。その後の世界の対応を見るに、イラク戦争をめぐる「西側」の分断は、新たな地政学の始まりと勢力均衡的な外交の再来（多極化への道）を予感させるものがある。その一方で、これらの危機と世界情勢の急激な変化が日本外交を停滞から救い出す役割を果たすこととなったのは不幸中の幸いであった。この九・一一テロとイラク戦争という二つの事件によって日本外交が覚醒され、危機管理に全力で取組もうとする外務省本来のＤＮＡが再生されたと言ってもよい。

その日本外交にとって長い間喉に刺さった棘となっていたのが、一三年前の湾岸危機のショックであった。当時一三〇億ドルもの巨額の資金協力を行ったにも拘わらず、国際社会から正当な評価を得られず、外交的に辛酸をなめたそのトラウマ（心的外傷）が今日の日本外交の底流にあるといっても過言ではないであろう。イラク復興支援として日本政府が五年にわたって提供することを表明しているのが五五億ドルである。それと比べて一三〇億ドルという額は、当時日本政府がいかに巨大な資金協力を行ったかを物語っている。

爾来、周辺事態安全確保法、船舶検査活動法、テロ対策特措法の成立、国際平和協力法の改正、イラク人道復興支援特措法、武力攻撃事態対処法および関連法制の整備が次々と行われるなど、「普通の国」に向けての日本の努力は湾岸危機で同様に外交的辛酸をなめたドイツと比べても遜色のない動きを示している。冷戦後の世界がもはや「ポスト冷戦」として語られることがそぐわない時代に移行する中で、この「冷戦」と「湾岸」の二つの戦後を克服する日本の政治・外交面での体制整備は危機とともに進展してきた。湾岸の教訓は確実に学ばれているのである。外務省は国民の信頼を失い傷ついたが、国際危機は日本外交に挑戦し続けている。ポスト冷戦の日本外交は決して「失われた一〇年」ではなかったのである。

二〇〇三年一一月二九日、イラクのティクリットで同国北部の復興支援のための会議に向かう途中、奥克彦大使（当時参事官）と井ノ上正盛書記官そしてイラク人運転手が何者かに殺害されるという衝撃的な事件が起きた。危険な環境で懸命に任務を遂行していた二人の死は何を物語るのであろうか。彼ら二人が、日本の外交官として命を賭してまで実現しようとしていたものは何であったのか。戦争直後の混沌と荒廃の中で狭量な国益からではなく、イラクとイラク人のためにテロと独裁に屈しない国造りに命を賭してまで挑み続けた勇敢な外交官がいたことを同僚として、また、日本人の一人として誇りに思う。外交は命懸けで行う価値のあるものである。ギリシャ神話の「パンドラの箱」のように、この世にあらゆる災厄が飛び出した後に箱の中に一つだけ残っていた「希望」を追い求めるのも外交である。無念ではあろうが、両氏とも決して外交官であったことに後悔はしていないと信じる。

「沈黙の外交」の教訓

時代は少し遡るが、外交とは何か、国益とは何かということを考える上で想起される歴史の一こまを紹介しておきたい。時は一九一九年、場所はフランスのパリである。第一次世界大戦後の世界秩序を決めるヴェルサイユ講和会議において、米、英、仏などの戦勝国が、後に国際連盟として発足する世界平和機構の問題や欧州の諸問題、国際労働問題等に関し活発な議論を行っていた際、当時「一等国」として講和会議に参加した日本は、これらの国際問題には何の発言もせず、ひたすら沈黙を守り続けた。

日本が主張したのは、ドイツから引き継ぐべき山東省の権益問題と人種差別撤廃の二つであった。そのため、日本は初めて参加した重要な国際会議においてサイレント・パートナーと揶揄され、大国意識と劣等感とのはざまで揺れ動き、国際社会の信頼そして何よりも日本の威信を勝ち取ることができなかった。その経緯はＮＨＫ取材班編『理念なき外交「パリ講和会議」』（角川文庫、一九九五年）に詳しく紹介されている。

このパリ講和会議に代表される当時の日本外交は、世界の大局的な問題には関心がなく、自国の権益の確保と日本人移民の問題（人種偏見）等身の回りのことに外交努力の目標が集中する、狭量な「国益外交」であったことを物語っている。多国間の問題ないし大局的な世界秩序にはほとんど関心を寄せない、真の意味での「一等国」の外交（大国主義ではなく大国にふさわしい外交を意味する）の不在がその後の国際連盟脱退、欧米列強との国際協調の失敗、そして第二次世界大戦突入へとつながっていく遠因となったのである。

パリ講和会議における「沈黙」の外交はその後の日本の運命を暗示することとなったが、このように他を省みない、世界の大局には無関心の国益中心の外交（本書ではこのような外交を指して「国益外交」と呼ぶこととしている）は、現在においてもその片鱗が現れることがある。その意味で、次のような当時の関係者の述懐は今日なお傾聴に値するものがあると思われる。

「講和会議中痛感したものがある。たとえ日本にとってはじめての檜舞台であったとはいえ、いかにも準備が不十分であったことだ。直接利害関係のある問題—山東問題とか南洋群島問題とかに没頭して、世界全般に関係する平和機構の問題とか、国際労働の問題とかについては、まったく研究が行き届かず、いかにも視野が狭い。（中略）会議の出席者の全権にしても、専門委員にしても、だいたい沈黙の美徳を守るほかなく、実に情けない状態であった。」（堀内謙介随員）（NHK取材班編『理念なき外交「パリ講和会議」』角川文庫、平成七年、一四六頁）

「我国民は、自国に直接利害関係ある場合には非常の熱心さをもって騒ぎたつるも、東洋以外の事となれば、我関せずの態度をとる傾きなしとせず。現にある外人は日本人を評して、彼らは利己一点張りの国民なり、世界とともに憂いを分つべき熱心も、親切もなき国民なり、と申したり。」（近衛文麿）（前掲『理念なき外交』一四七頁）

このように理念と大局的戦略を欠いた戦前の「一等国」日本の「国益外交」は、国際連盟発足後の一九二〇年から太平洋戦争（日米開戦）の勃発する一九四一年まで行われ、日本は破局を迎えた。その後、一九四五年の敗戦から一九五二年のサンフランシスコ平和条約発効までは実質的外交不在の時代であり、また、一九五六年の国連加盟以降は国連中心主義の外交原則が標榜されるが、米ソ冷戦という特殊な国際環境もあり、西側との同盟外交が中心でグローバルな外交の展開は困難であった。その意味で、冷戦が崩壊し、九・一一テロとイラク戦争を経て新しい地政学的状況が登場している現在の国際環境は、日本に真の意味での国益を超えたグローバルな外交を展開する好機を与えていると言える。

弱点をどう克服するか

日本外交にしばしば欠けているとして指摘されるものに、①理念、②構想力、③神経戦での持久力、④迅速な危機対応、⑤想像力、⑥多国間主義がある。これらの中で想像力と持久力の欠如は深刻な問題を引き起こしかねず、要注意である。

想像力とは、知識と過去の歴史の学習による擬似体験により必ずしも自ら経験しなくても理解し、行動を起こせる力である。日本では、しばしば危機が予見できたとしても実際にことが起こってからでないと動かず、人的、物的な被害が生じてはじめて真剣な対応が行われるという傾向（「実感主義」）がみられる。これは日本の政治文化、意思決定のあり方とも密接に関連するものであり、必ずしも改善は容易でない。危機に対処するに当たって、予見された段階で想像力を働かせて国民に一定の行動を促したり、重大な決定を行ったりすることは苦手であり、なかなか決断が下されないことが少なくない。起こってしまったことの責任を問われるよりも、先まわりして大騒ぎしたが結果として何も起こらなかった場合の見通しの甘さを恥じることの多い日本社会であるが故に、用心第一の後追い対応となりがちなのであろう。

また、外交はしばしば神経戦のような我慢比べの様相を呈することがあるが、その場合、どこまで持ちこたえるか（戦う気概を持ち続けるか）という要素も重要である。外交に限らないが、相手が重要でかつ強い場合や自らの形勢が不利な状態の場合、土俵際の粘りが効かず、駆け引きの淡白さを日本人は時として示すことがある。東京大学教授の山内昌之氏は、外交では先に降りたほうが負けとして次のように述べている。

「外務省に限らず、戦後日本のエリートに欠けているのは、職業的闘争心のように思えてならない。どこの国を相手にしようとも、外交の根本は利害の対立や衝突の調整と解決にある。相手との摩擦や対決を恐れていては、日本が勝利を収めるはずもない。華々しい勝ちでなくても引き分けから五二%くらいの僅差で相手を押し切るくらいのところに目標を設定してみよう。」（山内昌之『戦争と外交』ダイヤモンド社、二〇〇三年、二〇六―二一〇頁）

次に、多国間主義の欠如に関しては以下の点を指摘しておきたい。日本は、戦後の長きにわたって冷戦構造という特殊な環境の下において、真の意味でのグローバルなマルチ外交を展開できなかった。国連中心主義の看板は掲げつつも、日米、日中、日韓、日露という二国間関係重視（バイラテラリズム）の対外政策を展開してきた。戦後の日本を取り巻く地政学的な戦略環境（冷戦構造）と敗戦による国家の再出発は、国家の基本である安全保障と経済の米国への依存を余儀なくし、これが経済重視の政治的モラトリアム国家を作り上げてきた。日本が半世紀かけて歩んできた経済大国の道は、安全保障のコストとリスクの最小負担による国益最大化の外交であり、敗戦国再建の見地からは最適の選択であった。しかしながら、この経済大国路線は国際政治の論理からは、ややもすれば秩序に対してコストを負担しない「ただ乗り国家」ということになる。

国際政治の世界においては、一方の利益は必ずしも他方の損（すなわちゼロサム）になるとは限らない、「ウィン・ウィン」（双方勝）と呼ばれる状態が存在する。戦争による勝ち負けとは異なり、交渉事は恫喝や強制がない限り、ほとんど双方勝の世界である。安全保障や国際的な制度のような国際公共財を提供する場合もそうであるが、大国が一方的に提供する国際公共財によって第三国が利益を共有する（ただ乗りする）ことも可能である。このようなプラスサム・ゲームが国際政治においては存在するが、そこには大国による国際公共財の一方的な提供という持ち出しが存在している。

かつての超大国によるそのような国際公共財の独占的な供給が困難な今日、プラス・サムに向けての国際公共財の提供は、日本を含む主要国が協調して行わざるを得ない。そして、そのためにますます多国間外交が必要とされているのである。二一世紀において世界は徐々に多極世界へと移行するものと考えられるが、それはまた、かつての勢力均衡モデルに似たような形でのグローバルな多国間外交が展開していくことをも意味している。それに備える意味でもこれまで紹介した日本外交の弱点を克服することが重要であり、理念と想像力と持久力（戦う気概）を持って国益と国際協調と威信を同時に実現する外交の積極的展開が必要である。

多極化時代への備え

今日、国際政治の現実としてはハイパーパワー（極超大国）たる米国による一極的な世界が出現しているかのように見える。しかしながら、経済ひとつをとっても中国は二〇二〇年頃には現在の日本のＧＤＰ（国内総生産：二〇〇三年で五〇一兆円＝約四兆六〇〇〇億ドル）とほぼ同額になるとみられている。現在すでに米国のＧＤＰとほぼ肩を並べる拡大ＥＵ、そして将来的にはブラジル、インドなども経済・貿易の新たな極を形成する可能性が考えられるなど、経済、人口、政治的な影響力という観点において世界システムは徐々に多極化に移行していくものと見てよかろう。

多極化については次章で詳しく述べるが、そのような時代の到来に向けて勢力均衡的な外交行動様式に備える必要性が高まってくるものと予想される。ところで、多極化時代における国際関係の類型にはどのようなものが存在するのであろうか。政治、経済、安全保障面で重要な役割を果たすとみられる米、欧（ＥＵ）、中、露、印そして日本という大国がとりうる外交的な選択肢として主として次の五つのパターンが考えられる。

①孤立主義（isolationism）
②単独主義（unilateralism）
③同盟主義（specialized relationship）
④大国間の勢力均衡（balance of power）
⑤協調的多国間主義（cooperative multilateralism）

冷戦の終焉によって唯一の超大国になった米国は、クリントン前大統領就任当初は積極的な多国間主義（assertive multilateralism）と称して、国連を中心とする多国間の協調を重視する動きを見せたが、ブッシュ大統領以降は②の単独主義と③の同盟主義を使い分けている。グローバル化の時代において米国が①のようなモンロー主義に回帰することはまずないと思われるので、今後とも前記のパターンでいえば②～④の選択肢の範囲の中で案件毎に対応するものと考えられる。ロシアや中国は今後の国内政治、経済の動向如何によっては、①及び②に回帰する可能性も完全には排除されないが、④及び⑤のオプションを選択することが期待される。ＥＵ及び日本についても同様であり、特に日本については①、②は論外、現状では③および⑤である。ＥＵは東方への拡大により大国の仲間入りを果たし自己主張を強め、④を指向することが予想される。

これらの大国の行動パターンについては、日本からみれば各国が③～⑤の組み合わせを指向することが望ましいと言えるが、それだけでは単なる願望にすぎない。特に、⑤の協調的多国間主義の実現のためには、そのための制度化された場（国連や地域組織）を強化する努力が伴う必要がある。そのようにして、各国をできるだけ④や⑤（後者がベター）のオプションを選択するように誘導するインセンティヴは何かを分析し、それを助長していかなければならない。そのような要素として常識的には民主主義と経済自由主義があると考えられる。一般的には、「民主主義は相互に戦わない」とする民主的平和（Democratic Peace）の考え方と経済自由主義（Economic Liberalism）は相互依存と国内体制の開放を進め、戦争のコストと敷居を高くし、戦争抑制的に働くものと考えられている。

少なくとも、第二次世界大戦後の歴史を見る限りにおいては経験的にそのように言えるが、問題は民主主義の中身である。特に旧ソ連・東欧諸国のように民主主義の歴史の浅い国、あるいは遅れてきた民族自決のためにナショナリズムを必要とする新興途上国の民主化に関しては、この民主的平和の考え方が通用するか否か疑問の残るところである。したがって民主主義と経済自由主義だけでは十分ではなく、ナショナリズムをどううまく制御するかが今後の鍵と考えられる。また、アラブ諸国の民主化やグローバリズムへの対応を見ても、外からの押しつけでは反発を呼ぶことになる。この観点から二〇〇四年六月九日のG8シーアイランド・サミットで発出された「拡大中東・北アフリカ・パートナーシップ構想」にアラブ諸国がどのように対応するかが注目される。

欧米の文明に属さない日本は、諸国間の協調を促進していく上で独自の役割があると期待されることが多く、また、戦後の日本の歩んできた道（シビリアン・パワー路線）に鑑みれば、そのような役割を果たす大義・名分があると思うが、その場合の外交哲学を何に求めればよいのであろうか。

思うに、それは多くのアジア、アラブ、アフリカの国々が共感を寄せる非西欧文明の考え方の中に存在する共通項に求めるのが自然であろう。そのためには、AかBかの二分法ではなく、中間領域の存在を認める考え方を積極的に提示することである。敵か味方か、善か悪か、民主主義か独裁か等すべてのものを単純に二分化してその間で優劣を競うという二項対立的弁証法的価値観は、時として紛争や危機を助長することがある。人間は、性善・性悪両説がいずれもあてはまる神と動物の中間的存在であり、曖昧さを許容し自尊心を傷つけない哲学の存在が必要となる。河合隼夫氏（文化庁長官）の言う「日本文化の中空構造」のようなシステムの中の真空状態の存在が国際政治においても必要な場合がある。

西洋にも非二元論的な考え方は存在する。英国の作家アーサー・ケストラー（Arthur Koestler 1905-1983）は、その科学論「機械の中の幽霊」で「ホロン」(holon)の概念を提唱している。自然科学において物質を細かく分析することにより事物の本質を突き止めようとする要素還元主義に対し、ケストラーは個は全体であり、全体は個であるとするホロン（全体子）の概念によって物質を把握することの大切さを強調している。このホロンは曖昧さの存在を認めるものであり、このようなホロン的（ホロニック）な価値観を日本は身をもって提唱しうるのではないかと思う。外部の価値観と内部の価値観の対立と相克を緩和するホロニックな外交を日本自らが提唱・実践することにより、二一世紀における難問の一つとなるであろうナショナリズムの政治利用（ハイポリティクス化）と文明の衝突的な構図が緩和されることが期待される。

新たな離間と対立構造の出現

今後、国際政治において望まれる協調的多国間主義を実現する上での最大の危険は、かつてのイデオロギー対立に代わる新たな世界的な対立構造が出現することである。それが生じる可能性が高いのは政治、経済、軍事、人口的に極を形成する能力を最も強く有している米・中間と米・欧間である。すでに欧州正面では、イラク戦争をめぐる対立で明らかなとおり、［米・英］対［仏・独・露］という海洋国家対大陸国家の新たな地政学的断層線の形成が見られた。また、コア（中核）・ヨーロッパとペリフェラル（周辺的）・ヨーロッパが一時的ではあれ分断されたという出来事を奇貨として、米国は今後両者を牽制してかつての英国が行ったような分割統治を欧州に対して行う誘惑に駆られるかもしれない。なお、大陸型と海洋型の国家の違いについては次のような興味深い指摘がある。イギリスにおけるナポレオン研究者として優れた業績を残したH・ローズ（J. H. Rose）は、その著書"The Personality of Napoleon"（一九二九年）において「偉大な植民国家は、概して言えば海上において偉大であり得るときには陸上においては第二次的役割を演ずることで満足した。島国人が殖民者としてしばしば成功を獲ち得たのは、自然自体が大陸においての戦争に重点を置き得ないようにしていたからである。」（岡義武『国際政治史』岩波全書、一九七〇年、五四－五五頁）と述べている。

こう考えてみれば、米国は偉大な海洋国家であると同時に偉大な島国であると見ることもでき、今後欧州大陸の問題に深入りしたくない（米国の欧州離れ）との傾向がでてくることも予想される。この点に関してキッシンジャー（Henry Kissinger）氏は、「米国と欧州は、構造的に疎遠になりつつある。時を同じくして国際政治の重心は、欧州よりはるかに対立関係が緩やかだった、アジアに移ろうとしている」（二〇〇四年七月二五日、読売新聞「地球を読む」「米外交の地殻変動」）と述べ、米国の欧州離れの可能性を示唆している。

さらに、キッシンジャー氏の指摘で興味深いのは、伝統的な国民国家が漸進的に衰退している欧州と国民国家が依然として大きな役割を果たしている米国、ロシア、中国、日本、インドの諸国との間の国家観の違いと地政学の受容可能性が、米欧間の離間の原因だとしていることである。主権国家ならびに力の均衡をベースとする外交に対する考え方の違いが欧米間の新たな対立を生じさせるとの見方には注目しておきたい。

国家間の対立と離間を生むもう一つの要素としてナショナリズムの問題がある。国益とナショナリズムの観点から対立が生じる可能性が高いのはアジア正面である。今後、南沙諸島の領有権（石油が狙い）確保のための中国の南シナ海、太平洋への海軍の本格展開と米第七艦隊との間の利害衝突や、中台関係をめぐる米中対立の可能性等も考えられる。アジアではこれ以外にも、インド・パキスタン間の対立は核兵器の使用を伴う危険があることから細心の注意が必要である。また、ロシアの政治・経済面での不安定は同国のハイパーナショナリズムを誘発する危険もあり、同様に注意を要する。さらに、欧州ではイラク問題や欧州憲法案をめぐって展開されたフランスとドイツの大国意識は、欧州政治統合におけるリーダーシップ争いを助長し、多国間協調の阻害要因となることも懸念される。

領土問題や海洋権益をめぐる問題は、ナショナリズムを刺激する最大の要因のひとつである。中国人活動家の尖閣列島上陸や日本の排他的経済水域内での中国艦船の度重なる海洋測量、中国潜水艦の領海侵犯、韓国との間の竹島の領有権問題、日本海の呼称問題（韓国では「東海」と呼称し、世界各国の地図において東海の単独記載または日本海との併記を主張している）等の問題は、国益とナショナリズムを不必要に刺激する問題であるだけに、関係国の慎重な対応と紛争回避の知恵が必要である。この点に関しては、かつて独仏間に横たわる資源問題（石炭と鉄鉱）をめぐる戦争の危険性を回避するために、シューマン・プランと呼ばれるフランスのイニシアティヴによってＥＣＳＣ（欧州石炭鉄鉱共同体）の設立が行われたが、これは今日欧州を一つにまとめているＥＵの母体の一つであることが想起される。このような形での資源ナショナリズムを制御するためのメカニズムの構築は、アジアにとっても参考となる教訓を提供してくれている。

シビリアン・パワー論の陥穽

日本が、アジアと世界の平和のために必ずしも十分に主導的な役割を果たせないでいることの原因の一つには、日本の軍事的な役割の拡大への内外の警戒心があるからだと言われる。日本の進むべき道が軍事大国でないことは自明であり、内外の多くの識者が言うようにグローバル・シビリアン・パワー（世界的な民生大国）への道が最適な選択であろう。

ただ、このシビリアン・パワー路線と国内の一部の政党やマスコミの唱える「非軍事・民生」路線は一見似ているが、その中身においては相当に異なっている。シビリアン・パワーは、その依拠する自由で民主的な秩序の破壊を阻止するための国際的な公共目的の行動のためには、自らの持てる様々な手段を投入し、構成員としての義務を果たす（ドイツでは基本法上の抵抗権に基づく「戦う民主々義」の考え方、スイスでは「民間防衛」のような考え方が基盤にある）のに対して、「非軍事・民生」の考え方は、人道や復興支援等の分野での協力を含め一切の軍事的な手段と軍事組織の活用を否定し、NGOや文民的手段のみで国際社会に貢献しようとしている。総論としては、誰も反対しないこの様な考え方は、平時はともかく緊急事態や危機にあっては、3K（きつい、汚い、危険）といわれるような協力を回避することの口実として使われがちであり、憲法を盾に何もしない「ビナイン・ネグレクト

＝benign neglect」（善意の不作為、または悪意のない怠慢）の世界に耽溺し、倫理的な麻痺と道徳的退廃をもたらす危険性がある等のマイナス面を有している。

これがシビリアン・パワー論の陥りやすい陥穽であるが、これは国家の威信の保持の面からも問題である。同様のことは平和主義者（パシフィスト）についてもあてはまる。「パシフィスト、平和主義者ではない、という表現は、イギリスでは実によく使われる。平和主義者は平和の大切さを説くだけで、命を賭して平和のために戦う勇気を持っていない、という意味がこめられている。」（山本浩『決断の代償』講談社、二〇〇四年、七八頁）との指摘は的を射ているが、日本が今後ともシビリアン・パワーとして国益を超える外交を行う場合にも、出発点としてそのような認識に立つことが必要になってくると思われる。

外交とは、国益と国家の威信を守ることであると述べた。長い間日本では国益を守ることに手一杯で、国家の威信を守ることを政治家も外交官もマスコミもしばしば忘却してきたのではないかと思う。冒頭に紹介した堀内謙介や近衛文麿の述懐も、まさにそのような日本の威信を守る気概の欠如を嘆いているように思われる。海上自衛隊護衛艦「もがみ」の元艦長の青木一郎氏は、次のように述べている。

「政治家は日本の国益と安全の舵取りをする義務がある。外務省は国家の威信を守る義務がある。自衛隊は与えられた任務を遂行する義務がある。」（二〇〇三年七月一日　産経新聞　オピニオン・プラザ「私の正論」）

部分的な引用だが、今後の日本を取り巻く国際環境とイラクにおける二人の外交官の殉職、そしてイラクや二〇〇四年末におきた津波の被害のためにインドネシア等に派遣された自衛隊のことを想う時、その言葉の意味は重い。

第二章　二一世紀はどのような時代か

一　アメリカと世界秩序

世界は単極か

世界政治における力の分布状況を極めて単純化していえば、第二次世界大戦前は列強（米、英、仏、独、露、日、伊等）による多極、冷戦期は米ソの二極、そしてポスト冷戦から現在にかけては米国を中心とする一極的世界へと覇権が淘汰されてきている。歴史的に世界秩序は大きな戦争の後に形成されてきている。冷戦終了直後の第一次湾岸戦争（一九九〇―九一年）、ボスニアやコソヴォをめぐるバルカン紛争、アフガニスタン攻撃、そしてイラク戦争（第二次湾岸戦争）を経て米国はスーパー・パワー（超大国）を超えるハイパー・パワー（極超大国）となり、軍事面のみならず政治面、経済面でも比類のない覇者（ヘゲモン）としての地位を確立した。

現在の世界における力の分布状況については、米国の一極支配（単極構造）と見る見方と米国のパワーの限界を論じる見方がある。米国の多くのリアリストやネオ・コンサーヴァティヴ的学者は前者に属するが、その代表的な論客としてはダートマス・カレッジのステファン・ブルークス（Stephen Brooks）とウィリアム・ウォルフォース（William Wohlforth）が存在する。後者に属する論客としては、ジョージタウン大学のジョン・アイケンベリー（John Ikenberry）や元ニューズ・ウィーク誌外交担当のマイケル・ハーシュ（Michael Hirsh）などが存在する。なお、その中間としてサミュエル・ハンティントン（Samuel Huntington）教授のように「一極・多極」（uni-multipolar）の状況と見る見解も存在する。

米国は、第二次世界大戦では全体主義および軍国主義と戦い、冷戦ではイデオロギーの戦いに勝ち、そして現在テロという非国家主体との戦いに挑んでいる。米国ほど建国以来、世界秩序をめぐる戦いを数多く闘ってきた国はなく、覇者（ヘゲモン）となった現在もなお戦い続けている。今や米国は人口こそ拡大EU（二〇〇四年五月一日に一五ヵ国から二五ヵ国に拡大した結果、四億五四九〇万人）に劣るものの、経済力では圧倒的に世界一の大国である。軍事的にも、国防費を単純に比較しても第二位のロシアから一三位の台湾までの国を合計したものよりも多く、ローマ帝国以来人類史上これほどまでに富と軍事力が集中したヘゲモンは存在しない。また、国力の中心をなす人口動態を見た場合に、二一世紀の中庸（二〇五〇年ごろ）までに日本、欧州、ロシアそして中国の人口が軒並みに減少するのに対し（二〇〇〇年との比較で、ロシアは二八・三%、日本は一四・一%、ドイツは一三・七%とそれぞれ減少）、米国の場合にはヒスパニックを中心とする非白人層が増えて唯一人口が増加し続ける（四六%増加し、二〇五〇年には四億二〇〇〇万人となる）という国連の人口推計が存在する。それだけを見れば米国の一極支配は今後も長期間続くかのように見える。

アメリカと帝国論

このようなアメリカの「一人勝ち的」状況を帝国（Empire）に喩える諸説が内外で多く見られる。ここではその詳細に立ち入る余裕はないが、ひとつ言えることは、帝国の概念として歴史的通念として考えられる諸要素すなわち軍事的・経済的超越性、広汎な版図及び植民地の領有、他民族の支配という観点からすれば、七つの海を支配した大英帝国は「帝国」の概念の下で理解されるが、アメリカは最初の基準すなわち軍事的・経済的な優越性を満たすのみであり、その意味では歴史通念上の帝国ではない。

かつて、高坂正堯京都大学教授がその著書『文明が衰亡するとき』（新潮選書、一九八一年）で「ローマ帝国は巨大な文明であった」と述べているように、帝国そのものを文明ととらえる見方もある。今のアメリカは、巨大な軍事力と経済力、そしてジョセフ・ナイ（Joseph Nye）ハーバード大学教授の提唱する非軍事的な影響力（ソフトパワー）を備えた巨大な文明体ととらえることがむしろ現実にかなっているようにも思える。本書第三章の「反グローバリゼーション」のところでも説明するが、アントニオ・ネグリ（Antonio Negri）およびマイケル・ハート（Michael Hardt）の大著『帝国』（水嶋一憲ほか訳、以文社、二〇〇三年）のように、現在のグローバリゼーションの中で、国民国家と非国家主体ならびに超国家的組織体が織りなすハイブリッドなネットワーク状況を領土を持たない場としての「帝国」という概念でとらえようとする立場からみれば、米国も帝国の一部でしかなくなってしまう。しかし、これは帝国という概念の拡散であり、国際政治の分析概念としては使用できないレトリックの世界の話になってしまう。

このように、現在の米国による単極的な世界秩序を「帝国」理論で説明することは考え方としては面白いが、やや困難があると思われる。他方、現在の米国を覇権安定理論（hegemonic stability）で説明することにはさほど大きな支障はないように思われる。パワーがバランスしている勢力均衡状態より誰かが圧倒的な力をもつパワーのアンバランス状態の方が安定が保たれるとするのが覇権安定理論の考え方である。現在のパックス・アメリカーナ（pax americana）的状態は、冷戦という覇権戦争を勝ち抜いた唯一の覇者アメリカによる覇権安定の状態にあるとする考え方がむしろ現実を的確に分析しているのではなかろうか。この覇者（hegemon ないし status quo power）を引きずり降ろして交代を求めるほどの挑戦者（revisionist power）はまだ出現していない。冷戦時代の米ソの相互確証破壊（ＭＡＤ）による核抑止論的安定の時代（別名 Cold Peace）が終わり、パックス・アメリカーナの覇権安定的な独り勝ちの安定状態が冷戦終了後一〇年以上も続いているとみなす方が、帝国概念を持ち出すよりも理解しやすいのではないかと思われる。

欧州の挑戦

冷戦終了直後のクリントン政権の初期、すなわち一九九〇年代の前半までは同政権の積極的多国間主義政策（assertive multilateralism）もあり、大国間の協調が達成されるかに見えた時期もあった。しかしながら、ソマリアでの米軍兵士の殺害事件を契機としてクリントン政権の後半からは多国間主義から選択的関与（selective engagement）政策に転換したことにより、米国による覇権安定への流れが確定的になったと考えられる。ブッシュ政権になってからの単独行動主義（unilateralism）と二度の戦争（アフガニスタンとイラク）を経た米国のヘゲモンとしての地位の確立により、米国による一極支配ないし単極化状態はいまや最盛期にある。

しかしながら、この覇権に対して軍事的にはともかく、政治的に勢力均衡を回復しようとの動きも見られる。これがイラクへの武力の行使をめぐって二〇〇三年初頭に国連安保理を舞台に繰り広げられたドイツ、フランス、ロシアそして中国をも含めた「反戦平和連合」による米国への挑戦である。これは世界秩序を再編しようとする軍事的な意味での覇権戦争ではないが、米国の一極支配に対して「多極化」世界を構築しようとする勢力による最初の政治的挑戦であったことは疑いがない。

このことは、かねてより米国流のグローバリゼーションに異を唱え、多極化を標榜していたフランス、そしてそれと志を同じくするロシア、中国、更に今やフランスと事実上の枢軸関係にまで発展しつつあるドイツが仕掛けた「政治抗争」と見ることができるのではなかろうか。この政治抗争はヘゲモンの交代を求める覇権移行戦争でないのは明らかである。これらの挑戦者にそれだけの実力が備わっているわけではないが、米国流の「覇権安定」に対して、覇権の牽制（balancing）ないし中長期的にはバランス・オブ・パワーへの移行を求める異議申し立て（ドイツからみれば米国からの政治的自立）と理解される。

ではなぜ、仏、独、露はアメリカの覇権安定に異を唱えているのであろうか。米国の圧倒的優位は今に始まったものではなく、軍事、経済、ソフトパワーの一国集中が史上希なレベルに達していることとはクリントン政権においてもすでにそうであったが、前述の劣勢勢力によるアメリカに対抗する異議申し立ての試みは行われなかった。この反覇権の動きは、ブッシュ政権のもつ強烈な覇権志向、ネオコン・グループの「ホッブス流の力の論理」そして多国間協調の軽視といった戦術的特徴によって助長されたものと思われる。それまで事実上の覇者と誰もが暗黙に認めていた米国の一極支配的状況を内外に向けて明示的に宣言したのがブッシュ政権であり、九・一一テロとアフガニスタンそしてイラク戦争により、米国が真の覇者（ヘゲモン）ないしは唯一のハイパー・パワー（極超大国）であることが確定したのである。

米国による覇権安定状態から平和の配当を享受しているこれらの劣勢勢力としては、覇者米国を引きずりおろすことは実力的にできないし、それはまた自らの短期的国益にも反する。したがってこれらの劣勢勢力の本音は、ヘゲモンに対する対抗同盟を形成するのではなく異議を唱えることにより、かつての大国としての自尊心の回復、あるいは自らが属する地域における地域統合の推進や影響力の確保を試みるための政治的なゼスチャーと見ることができるのではないか。そしてその背景にあるものとして、米国流グローバリゼーションに対するEUのソーシャル路線、欧州統合の中核たる独仏両国の自己主張、再び大国となることを夢見るロシア、日和見的中国という多極化推進勢力の短期的な利害関係の一致という点を指摘し得る。他方で欧州はと言えば、イラクへの攻撃をめぐってドイツ、フランス、ベルギーを中心とする「古い欧州」と英国、スペイン、ポルトガル、イタリア、旧東欧諸国からなる「新しい欧州」の二つのグループに一時的に分断されてしまった。この「古い欧州」を中核とするコア・グループは軍事的にも欧州を強くするとともに、ロシアと中国の支援を得て牽制的なバランス・オブ・パワー指向を強めていこうとしているものと思われ、二一世紀前半の世界秩序が徐々に多極的色彩の濃いものになるであろうことを予兆している。

多極化は歴史的必然か

このような「多極化」現象が二一世紀の国際社会を不安定にするかどうかは即断できない。一六四八年のウエストファリア条約以降主権国家間で繰り広げられてきた近世国際政治のパワーゲームにおいては、五つ以上の枢要な国の間での勢力均衡的なモデルの存在が通常の状態であり、冷戦期のような二極による力のバランスはむしろ特殊なケースであったといえる。

世界の多極化をどう見るかについては、分析的な視点からの客観的な見方とパワーゲームに参加している国の思惑という主観的な見方の二通りがある。後者の主観的な視点からの多極化論は、唯一の超大国である米国の覇権を牽制するために主としてロシア、中国及びフランスにより展開されてきた。その萌芽は、すでに一九九八年の中国とロシアの間の協力に関する文書や一九九九年一〇月の江沢民中国国家主席のフランス訪問時のシラク大統領との会談の成果に見られるところである。

ケグレイ（Charles W. Keglay）とレイモンド（Gregory Raymond）という米国の二人の学者の分析によれば、近世欧州においては大きな戦争が終了した後の一定期間、別表に掲げる六つの多極化した世界が出現したとされている。これからも分かるとおり、欧州においては、大戦争の後の戦間期には六〜八ヵ国の多極的状況下で勢力均衡による平和が保たれてきたと言える。この多極的平和は短いもので一四年、長いものは一〇〇年近くも続いている。したがって、多極化すなわち不安定・危険と決めつける訳にはいかない。

勢力均衡理論によれば、多極化世界が崩れるのは微妙なバランスからなる合従連衡が安定を損ない、ヘゲモンの登場を許して覇権戦争に至るからだが、そのような均衡が崩れる原因としては、経済の循環、統治形態、内政上の不安定、イデオロギーや宗教的な相克、ナショナリズムの高揚といった要因が挙げられる。こうして見てくると、人類の歴史において国際社会は戦争をしていない間はむしろ多極化した状態が通常の姿であり、その中でいかに政治、経済、文化的な調和を達成するかという人間の叡智と政治の技術が戦争と平和を分ける鍵になるといえる。

的中しなかったミアシャイマーの予言

このように、多極化世界は国際政治の歴史においてはむしろ普通の状況であったし、平和状態よりも戦争状態が人間の自然状態であることについては、かのドイツの哲学者イマニュエル・カント（Immanuel Kant）が一七九五年に『永久平和のために』（Zum ewigen Frieden）と題する著作の中で述べているとおりである。その意味で、米ソの二極対立による冷戦の四五年間は大戦争に至ることなく「冷たい平和」（コールド・ピース）が続いた特殊なケースであったとして、冷戦期を懐かしむ言説も存在するほどである。

ギャディス（John Lewis Gaddis）は、冷戦末期の一九八七年に「長い平和」（"Long Peace," Oxford University Press, 1987）と題する本の中で、一九四五年以来四〇年以上も大国間に戦争が起こっていないとして冷戦のポジティブな側面を強調している。また、冷戦が終わった一九九〇年に米国シカゴ大学のジョン・ミアシャイマー（John J. Mearsheimer）教授は、「未来への回帰」（"Back to the Future : Instability in Europe After the Cold War," International Security, vol. 15, No. 1, Summer 1990）と題する論文の中で、冷戦期の四五年間の長い平和を懐かしみつつ次のような指摘を行っている。

多極化する欧州においては、戦争と重大な危機が発生する可能性が高くなる。その理由としては、①二極によるパワーバランスの方が多極よりも複雑でなく安定的である、②冷戦期の二極システムでは米ソの軍事力がほぼ均衡していた、③米ソの核兵器による「相互確証破壊」（ＭＡＤ）は、抑止の均衡により平和的効果を持っていた。

ミアシャイマーは、多極化が進みバランスが崩れることにより欧州における戦争の危険性は高まると予測した。そして、それを防ぐために核抑止を高める必要があるとして、ドイツの核武装を含む欧州における限定的な核拡散を奨励するとともに、米、英が欧州の勢力均衡の維持に積極的に関与することおよび東欧のハイパー・ナショナリズム（超民族主義）の台頭を阻止することが必要だと説いている。

ところが、冷戦終焉後の欧州はその辺境バルカンにおいて民族・地域紛争が生じたという事実はあるが、欧州全体を巻き込む紛争に発展することはなかった。ミアシャイマー教授の予言は結果として的中せず、ロバート・ケーガン（Robert Kagan）がその著書“Of Power and Paradise”で指摘したとおり、火星的な米国に対して欧州は金星のような状態でカント的な永久平和が五〇年以上も続いている。ただ、この欧州の地域紛争（バルカン紛争）においてすら欧州は独自の問題解決能力を示すことができず、米国と英国が主導的な役割を果たしたという点では、欧州の安定の維持に米、英が積極的に関与すべきであるとのミアシャイマー教授の指摘は当たっていたと言える。

それ以外の点では同教授の予言は的中せず、ドイツの核武装も起こっていない。他方、欧州以外の地域においては、インド、パキスタンの核保有、北朝鮮やイラク、イランの核保有疑惑が生じたが、MAD理論も通用しないこれらの国への核の拡散は多極化に伴う最大のリスクを提供している。今後世界的に注意を要するいま一つの問題は、ナショナリズムの台頭であると考えられる。冷戦の終焉によりリベラル・デモクラシーが勝利をおさめ、今やこれに代わるものはなく歴史が終わったとするフランシス・フクヤマ（Francis Fukuyama）の見逃したナショナリズムの問題こそ、旧東欧諸国のみならず、アラブ世界ならびにグローバリゼーションと地域統合によりアイデンティティの危機に悩む先進民主主義国までもが二一世紀において直面する最大の問題かつ不安定要因であることを忘れてはならない。

来るべき多極化とは

カプチャン（Charles Kupchan）米ジョージタウン大学教授は、ヨーロッパとアジアへのパワーの拡散とアメリカにおける国際主義の性格の変質（内向き傾向）の二つの趨勢により、アメリカの一極時代はあと一〇年ともたないであろうと見ている（チャールズ・カプチャン『アメリカ時代の終わり』（上）坪内淳訳、ＮＨＫブックス、二〇〇三年、一三一―一三五頁）。それが一〇年かそれ以上かは予測できないが、世界は今後暫く続くであろう米国の一極支配の後に、欧州、ロシア、中国、インド、日本、ブラジルなどが参加する本格的な多極化世界に向かうものと思われる。しかしながら、そのような多極化世界の様相は、第二次大戦以前の古い多極世界とは次のような点において質的に大きく異なっていると考えられる。

まず、第一に、人権意識の普遍化と人道思想が国際政治の重要関心事項としてハイポリティクス化する現象が顕著になるということである。コソヴォの例の如く、大量虐殺や迫害などの緊急かつ重大な人道問題に対しては国家の主権を超えて介入が行われたように、絶対的な国家主権の時代は終わろうとしている。人権や人道上の問題については、国境なき多極化世界が出現しつつあると言える。

第二に、核兵器の拡散により、インド、パキスタンという途上国を代表する国以外にも、北朝鮮のような民主主義の未成熟な独裁国家が核兵器という恫喝の手段を手にしてパワーゲームの仲間入りをしようとしている。ＭＡＤによる戦略安定が機能しない核兵器国ないし核疑惑国の出現により、ミアシャイマーの望まなかったような非欧州国家への核の拡散を伴う多極化世界が現れ、これにより核戦争の敷居は冷戦時代に比べて低下する恐れがある。

第三に、戦前の国際連盟と異なり、大国を含む世界中のほぼすべての国が参加している国連という普遍的な国際組織が存在している状況下での多極化世界となる。勿論、国連がどこまで独自の役割を果たせるかは米国の態度如何によるところが大きいが、国連、とりわけ安保理を国際社会の現実に沿って改革することができれば、そこにおいて形成される国際世論と正統性は、バランス・オブ・パワーによっても防ぎきれない超大国の独走をある程度牽制する役割を担っていく可能性があると思われる。他方でEUのように主権の一部を共有する地域統合組織も存在しており、国連安保理の機能不全によりEUなどの地域組織を活用して危機管理を行おうとする傾向も強まっている。かくして多極化の傾向と相俟って、地域主義（リージョナリズム）的アプローチが一層強化されることが考えられる。

第四に、多極化世界におけるアクターとして、国家や国際機関のほかに非政府組織（NGO）や非営利組織（NPO）といった市民組織の役割が高まりつつある。特に、紛争予防や紛争終了後の平和構築段階におけるNGO等の活躍には目覚しいものがある。一九九七年の国際地雷キャンペーンに続き、国境なき医師団が一九九九年のノーベル平和賞に選ばれたのもそのような背景によるものと思われる。これらの非政府アクターの国際舞台への登場とインターネットの普及により、市民の参加する無国籍的多極化世界も出現してくるものと考えられる。

協調と救済の戦略を目指して

多極化世界は、歴史の法則から見た場合人間の自然な状態への回帰現象と言えるであろう。エントロピー（entropy＝熱量または乱雑さの度合い）増大という熱力学の第二法則が示すとおり、米国によ

国際政治における多極化

① 1495－1521 年（スペインとポルトガルの紛争を調停したトルデシラス条約及びフランスのイタリア遠征後。主要国は仏、英、オーストリア、スペイン、オスマントルコの５ヵ国）
② 1604－1618 年（アルマダ海戦後のスペインの衰退。仏、英、オーストリア、スペイン、オスマントルコ、オランダ、スウェーデンの７ヵ国）
③ 1648－1702 年（30 年戦争後のウェストファリア体制。仏、英、オーストリア、スペイン、オスマントルコ、オランダ、スウェーデンの７ヵ国）
④ 1713－1792 年（スペイン継承戦争後のユトレヒト・ラシュタット条約体制。仏、英、オーストリア、スペイン、スウェーデン、ロシア、プロシアの７ヵ国）
⑤ 1815－1914 年（ナポレオン戦争後のウィーン体制。仏、英、オーストリア、ロシア、プロシア、イタリア、米国、日本の８ヵ国）
⑥ 1919－1939 年（第１次大戦後のヴェルサイユ条約体制。英、仏、ソ連、独、イタリア、米国、日本の７ヵ国）

(Charles W. Kegley Jr. and Gregory Raymond, "A Multipolar Peace?" 1994)

る覇権安定的な一極的世界秩序もいずれ遠からず崩れ、多極化状態に移行する。そのような人間の自然状態は、カントやホッブスの言うような戦争状態であり、人類が英知を働かせ協調のための努力を意図的に行うか圧倒的なパワーにより威圧しなければ、無秩序に至る潜在的な危険性を内包している。核の拡散と非人道的大量殺戮は現実に存在する危険であり、これに独裁とハイパー・ナショナリズムが加われば、二一世紀ははかり知れない暴力の世紀となる可能性もある。

幸い人類は、現在、グローバリゼーションと民主主義ならびに人道思想（「人間の安全保障」を含む）の普遍化という潮流の只中にある。グローバリゼーションのプラスの勢いを活用して民主主義と人道思想を普及し、同時にグローバリゼーションのマイナス部分である弱肉強食的競争レースから取り残される国や人々を多極化世界の孤児にしないための世界的な救済戦略と共通の行動規範を確立することが重要であると思われる。

このような協調と救済の戦略はどのような枠組みで構築すればよいのか。国連かG8か地域組織かこれに代わる新たな制度か、はたまた「帝国」なのか。多極化世界においてこれらのものを束ねる重層的な秩序を構築し、維持することは必ずしも容易ではない。いずれにせよ肝心なことは、人類を破局に導きかねない手段を手にしている既存の核兵器国と新たな事実上の核兵器国の一国たりとも究極的に孤立させないようなシステム作りである。そのためには、民主主義と人道の最大の敵である独裁には譲歩しない非宥和の精神を堅持しつつも、民主的国家と市民の双方による世界的な理性の覚醒が決定的な鍵を握るものと思われる。

二　欧州の自己主張とジレンマ

西側の分断

ポーランド出身の歴史家クシシトフ・ポミアン（Krzysztof Pomian）は、「欧州の歴史の本質とは、……ヨーロッパというひとつの空間の相次ぐ統合と分裂であり、……統合・一元化へ向かわせようとする傾向と、分割・多様化をめざす傾向との間の紛争でもある」と述べている（『ヨーロッパとは何か』"L'Europe et ses nations" 松村剛訳、平凡社、一九九三年）。現在、欧州は統合・一元化に平和的に挑んでいる。二〇〇四年五月一日の旧東欧諸国等一〇ヵ国のEU（欧州連合）加盟の実現をもってEUが初めてロシアと国境を接する事態となり、汎欧州を目指すEUの拡大プロセスがほぼ完成に近づきつつあることを示している。依然として様々な矛盾をはらみつつも、この拡大EUは二五ヵ国、四億五四九〇万人という巨大な政治・文明体として世界に向かって自己主張を始めている。

昨今、グローバリゼーションと帝国的アメリカの向こうを張るかたちで、中国熱とEU熱という二つのユーフォリア（多幸感）現象が生じている。ドイツとフランスに代表される欧州の和解の達成とユーロ（欧州共通通貨）、人権重視空間、独自の緊急展開部隊構想などをもつEUという欧州の社会モデルは、中国とともに米国へのアンチテーゼ（反定立）たらんとしてその存在感を高めつつある。今後の世界秩序は米国、中国、EUの間で弁証法的発展を遂げるのではないかとの見方を裏付けるかのように、欧州の自己主張と存在感が高まっている。

このような中で、二〇〇二年秋から二〇〇三年初頭にかけてのイラク問題をめぐる米欧間の対立、欧州内部の反目は、冷戦時代に鉄壁の結束を維持してきた「西側世界」の存在意義を改めて問い直すものであった。NATO（北大西洋条約機構）に代表される欧州大西洋（ユーロ・アトランティック）同盟の基盤を揺るがせるような新たな世界秩序の胎動が生じている。そのような地殻変動が如実に現れたのが、一九五六年のスエズ危機以来半世紀ぶりに起きた「西側の分断」という現象であった。

ドーラン（Michael Doran 米外交問題評議会準シニアー・フェロー）は、このような米欧対立と西側の分断の原因が「欧州コミュニティー内部でのリーダーシップをめぐる抗争」にあるとし、国連は欧州の権力政治に利用されているだけだとしている（Michael Doran, Gideon Rose, "The Pros and Cons of U. N. Inspections" 邦訳＝「〈米外交問題評議会ディベート〉誰が世界と国連を引き裂いているのか――戦後イラクと米欧対立の深層」『論座』二〇〇三年七月号、二五六―二五七頁）。その当否は後で論じることとするが、イラク問題を契機に欧州で何が起きているのか、「古い欧州」、「新しい欧州」と呼ばれる二分化（bifurcation）がなぜ生じたのか、その対立の原因とみられる欧州のジレンマとはどのようなものか、そしてこのような事態が日本にもたらす意味合いは何かについてひとつの見方を提示したい。

地政学の再登場

イラクへの武力攻撃をめぐる安保理における対立を契機に、今後の世界秩序に関する悲観的な議論が登場してきた。安保理における米欧間あるいは欧州諸国間の厳しい対立は、冷戦時代には経験したことのない国際政治の対立パターンであり、新たな地政学的断層線（geopolitical faultline）の出現を示唆するものと考えられる。冷戦時代の東西イデオロギー対立や南北間の対立とは異なる新たな世界政治上の対立軸が地政学的なレベルで生じつつあると考えられ、今後の動きを注目していく必要がある。端的に言えば、「一極」か「多極」かに代表されるような二一世紀の世界秩序をめぐる地政学的なリーダーシップ争いが、〈米、英〉勢と〈仏、独、ロシア、中国〉勢との間で展開され始めていると考えられる。

もちろん、圧倒的な超大国たる米国を引きずり下ろして、新たな覇者（ヘゲモン）になろうとする覇権闘争が起きているのでないことはすでに前節で述べた。しかし、アメリカによる覇権安定的な世界秩序よりも古典的な勢力均衡による安定を指向する国々による、異議申し立て（自己主張）のレベルでの静かなパワーポリティクスが胎動しつつあることは認識しなければならない。その意味で、米タフツ大学のグレノン（Michael J. Glennon）教授の「国連システムが機能不全に陥った理由は……現在のシステムでは対応できない地政学的状況が現れたからだ」という指摘は、イラク戦争を契機とする安保理の機能麻痺の原因と今後の国連の行方そして二一世紀の世界秩序を考えるうえで大きなヒントを提供している（Michael J. Glennon, "Why the Security Council Failed," Foreign Affairs, Vol. 82, No. 3, May / June, 2003、邦訳＝「単極構造世界と安保理の崩壊――安保理はなぜ死滅したか」『論座』二〇〇三年六月号、二二六頁)。

理念の衝突

今日の米欧の対立は理念をめぐる衝突でもある。ブッシュ政権になってアメリカ外交に理念や道徳、価値観がこれまで以上に顕著に現れてきていると言われる(Leslie H. Gelb and Justine A. Rosenthal, "The Rise of Ethics in Foreign Policy," Foreign Affairs, Vol. 82, No. 3, May / June 2003、邦訳＝「外交における道徳的要因の増大」『論座』二〇〇三年七月号、二五九―二六六頁)。米国における道徳外交、理念外交と言えば、第一次世界大戦後のウィルソン主義が有名であるが、近くはカーター元大統領の人権外交もそれに類するものである。ブッシュ大統領は正邪、善悪を区別し、「悪の枢軸」に代表される「悪」を懲らしめる外交、日本流に言えば「勧善懲悪」的な外交を展開している。テロリストにつくか、われわれにつくかといった二者択一を迫るグレーゾーンのない外交やミッショナリー(宣教師)的な外交スタイルをその特徴としている。

他方、EU(欧州連合)もEU条約第六条にみられるとおり、自由、民主主義ならびに人権を基本的価値観とする「理念の帝国」である。二〇〇〇年二月、極右のハイダー氏率いるオーストリア自由党が同国の政権に参加した際に、他の加盟国から一斉に制裁に近い措置がとられたことはなお記憶に新しい(EUが「理念の帝国」であることについては、神余隆博「深化と拡大のパラドックス」『外交フォーラム』二〇〇〇年六月号参照)。EUは理念のなかでも特に人権を重要視する共同体である。世界に向かって死刑廃止を訴えているほか、死刑制度のある国には犯罪人を引き渡さず、また重大な人権侵害については他国への介入も辞さない（コソヴォへの人道的介入もこの理念に基づいて行われた）倫理と理念の共同体である。イラクをめぐる米国と「古い欧州」の対立は、この米国型の勧善懲悪的な道徳外交と「人を殺すな」とするEUの平和・人権外交との対立であったとみることもできよう。

EUのなかでもこの平和と人権を最も強く唱道しているのが、ドイツ、フランス、ベルギーであり、「古い欧州」を代表する国である。共和制による永久平和を唱えたカント的世界を体現する欧州と、「万人の万人に対する戦い」の世界にあってリヴァイアサンという怪獣による威嚇が必要と考えるホッブズ的米国との違いがあたかも冷戦時代のイデオロギー対立のごとく巷間強調されすぎるきらいはある。しかし、イラク問題で露呈した米欧の対立が理念をめぐるものでもあったことは否定できず、やや誇張して言えば、この違いは性善説（欧州）と性悪説（米国）という孔孟やプラトン、アリストテレス以来の根本的な世界観の対立にまで発展しかねない要素をはらんでいる。

欧州のジレンマ

九・一一テロとイラク戦争を境として欧州諸国は二つのジレンマに直面している。第一のジレンマは世界秩序ないし世界観をめぐるものである。具体的には、国際政治をめぐるアイデアリズム（理想主義）とリアリズム（現実主義）の対立、モダン（近代）とポスト・モダン（脱近代）の対立でもあり、これらを具体的に反映したのが「国連かEUか」をめぐるジレンマである。第二のジレンマは、二一世紀における覇権ないしリーダーシップに関するものである。具体的には、「一極か多極か」ないし「同盟かEUか」のジレンマである。これが明確な形で現われたのが、ラムズフェルド米国防長官の命名した「新しい欧州」と「古い欧州」の間の矛盾である。以下に、この二つのジレンマ状況を詳しくみていくこととする。

(1)　国連かEUか

国連は、第二次世界大戦の戦勝国による戦後秩序維持メカニズムとして考案された理想主義に根差す「モダン」の政治システムである。ここでは、モダン（近代）の政治システムとは、一六四八年のウェストファリア条約以降の主権国家を中心とする自由主義・民主主義的な世界秩序を意味し、ポスト・モダン（脱近代）の政治システムとは、相互依存が高まる中で主権国家を超える地域統合や非国家主体を含むグローバル・ガヴァナンス的世界秩序を意味するものと一応定義しておきたい。この国連についてグレノン教授は、アメリカ国際法学会会長でもあるプリンストン大学のスローター（Anne-Marie Slaughter）教授が、「『政治力学を凌駕する真理もある』という前提を基に国連は創設された」と述べて擁護する理想主義的な国連がもはや現状に合わなくなっていると鋭く批判している（Glennon, *op. cit.* 前掲「単極構造世界と安保理の崩壊」二二六頁）。

一方、この「モダン」の政治システムこそが安保理常任理事国に対して「大国」たることを保証し続けており、現状維持指向勢力の拠り所となっているものである。これに対して、国家連合として国際法上も新しい存在であるEUは、二一世紀における国家とパワーの新たなあり方を示唆するポスト・モダンの政治的実体であり、国境を取り除き主権を共有することにより欧州における戦争をなくそうとするリアリズムに基づくシステムである。今日の欧州諸国を鳥瞰すれば、このモダンとポスト・モダンの世界観をめぐり主として四つのグループに分類することができる（この分類は大づかみのものであり、EUに加盟している国にとってはどちらが相対的により重要かという傾向を示すものである。所属しているシステムを否定してまでの絶対比較ではないことに留意されたい）。

第一のグループはEUよりも国連を重視するグループであり、これには英国、スウェーデン、デンマーク等のユーロ非加盟国、そしてEU域外ではロシアが該当する。第二のグループは逆に国連よりもEUを重視するグループであるが、これにはドイツ、ベネルクスなどのEC（欧州共同体。EUの前身）創設六カ国に属するいくつかの国々が該当する。第三のグループは国連もEUもともに重視するグループであり、これにはフランスと中・東欧諸国が該当する。ステータス・クオ（現状維持）派のフランスとステータスの認知が遅れた中・東欧諸国という取り合わせであるが、「古い欧州」のフランスと「新しい欧州」の中・東欧諸国が同居していることが注目される。第四のグループは国連もEUもさほど重視していない国々である。別の言葉で言えば国連でもEUでも特別扱いされず、米国との同盟をより重要視する国々である。これにはイタリア、スペイン、ポルトガル等が該当する。

(2)　同盟かEUか

このジレンマは、米国の一極支配を容認するか（同盟重視）多極化を追求するか（EU重視）という対立軸で分かれるものである。これも四つのグループに分けることができる。第一のグループは、EUよりも米国との同盟を重要視するグループであるが、これには英国、イタリア、（スペイン）、ポルトガルが該当する。スペインは、二〇〇四年四月に保守のアズナール首相（民衆党）から社会労働党のサパテロ首相に交代して以降それまでの親米路線を転換し、仏、独等の「古い欧州」グループに接近したが、筆者の見解ではこれは一時的な振り子の揺り戻し現象であり、スペインの国益という観点からは長期的には独、仏と一線を画する立場に回帰する可能性があると考えられる。これらの国々はEU内においては独、仏のリーダーシップに批判的な国々であり、そのような観点から米国との同盟を指向する傾向が強い。第二のグループは同盟よりもEUを重要視するグループであるが、これにはフランス、ドイツ、ベルギー等の「古い欧州」の国々およびスウェーデン、オーストリア等の中立的立場の国々が該当する。第三のグループは同盟もEUも重要視するというグループであるが、これには中・東欧諸国が該当する。第四のグループは同盟もEUも重要視しない国であるが、これにはロシアが該当する。

なぜジレンマが生じるのか

(1) 「国連かEUか」のケース

(イ) 現状肯定か変革か

モダンかポスト・モダンかのシステムをめぐるジレンマは、現状維持か現状変革かをめぐる矛盾でもある。このジレンマに悩んでいる国は、ドイツ、ベルギーに代表される「古い欧州」の国とイタリア、(スペイン)、ポルトガルに代表される「新しい欧州」の国である。現状維持派の英国、中立国のスウェーデン、オーストリア、EUに入れないロシアという国々の国連重視のポジションは明確であるし、双方ともに重要だとするフランス、中・東欧諸国の立場も明確であるので、ジレンマ状態は軽微とみられる。

国連かEUかをめぐるジレンマは、より厳密に言えば、この二つのシステムのいずれかもしくは双方に満足していない現状変革グループにおいて揺れが大きいということである。すなわち、国連に関して言えばドイツは安保理常任理事国を目指す最有力国であるが、EU内の反対グループとの一〇年にわたる安保理改革論議で傷ついている。ドイツは、その最も重視する欧州統合政策(「ドイツの欧州」ではなく、「欧州のドイツ」路線により国益を最大にすること)を損なってまでも安保理常任理事国の地位に固執はしないとの立場からはＥＵ志向であるが、安保理常任理事国のステータスへの未練が捨て切れない（二〇〇四年三月一九日、シュレーダー首相は、ベルリンでの演説で常任理事国入りを目指すことを明言した）ことからジレンマが生じている。その意味で、ドイツのジレンマは現状変革を求めるジレンマ（変革のジレンマ）と言える。

他方、イタリア、スペイン等の「新しい欧州」の国々のジレンマは閉塞的ジレンマであり、自己に不利となる変革への抵抗から生じるジレンマ（抵抗のジレンマ）と言える。具体的に言えば、これらの国はＥＵ内にあっては独仏枢軸に欧州統合の主導権を握られていることから、それに対する心理的反発がある。また、国連安保理については、常任理事国になるチャンスが自然な形で訪れることはないため、なんとかしてドイツの足を引っ張りたいとの立場である。現状は変えたいが、今より悪くなる改革にはネガティブである。その意味で条件付き変革勢力となっており、ジレンマはかなり強いと言える。

(ロ)　欧州共通外交安全保障政策（ＣＦＳＰ）の不在

ジレンマが少ないか、ほとんどないとみられるフランスと英国についてはどのように理解すればよいのか。フランスについては、国連においてもＥＵにおいても現状に満足しており、双方においてリーダーシップを握っていると自認しているものと思われる。その結果、ジレンマはほとんどないと言ってよい。英国についてはユーロに加盟しておらず、また、ＥＵ憲法案についても国民投票の実施を決定するなど、今後もブレア政権においてはＥＵに関する曖昧な立場が続く可能性がある。英国を

「大国」たらしめているのは安保理常任理事国の地位にほかならず、国連での現状には満足しているとみられる。また、EUを強化して米国の一極支配に対する抵抗を試みようとはしていないし、これを行う必然性もないため、同盟かEUかの局面におけるジレンマも少ないものと思われる。

EUにおいて英国がリーダーシップを発揮できる分野は限られており、「独仏枢軸」によって欧州統合が左右されていることに対して英国は現実的な国益計算を行っている。一九九八年一二月のサンマロ（フランス）における英仏首脳会議でEU独自の防衛能力を強化することに合意したのも、この分野でEUをリードできるのは英仏のみであるとの合理的計算があってのことと思われる。しかし、その一方で、軍事にとどまらず経済、政治の領域でも英国がリーダーシップを発揮するためには、ユーロへの参加が不可欠であるとの指摘もある（Steven Philip Kramer, "Blair's Britain After Iraq," Foreign Affairs, Vol. 82, No. 4, July / August 2003、邦訳＝「イラク危機とブレアの深い悩み」『論座』二〇〇三年九月号）。

ジレンマは少ないながら、英国はなぜEUよりも国連を重視するのか。ポスト・モダンの政治システムであるEUも、国際政治のリアリズムの観点からは、こと安全保障・軍事政策のような加盟国の国益を左右する重要な問題については多数決で共通ポジションを形成しえないからであり、とりもなおさず英国自身が全会一致方式にこだわっているとの事情がある。正確に言えば、共通のポジションを作る上で障害となっているのが英国自身であり、政治・安全保障の分野においては事実上の拒否権を持とうとしている。このように、CFSPと呼ばれる「共通外交安全保障政策」やESDPと呼ばれる「欧州安全保障防衛政策」については、なお発展途上の段階にある。イラクをめぐる武力行使の是非をめぐってもCFSPは作れなかったし、英国、スペイン、イタリア、中・東欧諸国による八カ国の対米支援書簡も当時の議長国のギリシャはもとより、EUのソラナCFSP上級代表も素通りして発出されるなど、CFSPの実体は現実外交（レアールポリティーク）の世界からみればいまだ有名無実の存在である（英、伊、スペイン、ポルトガル、デンマーク、ポーランド、ハンガリー、チェコの八カ国首脳は、二〇〇三年一月三〇日、英国の『ウォールストリート・ジャーナル・ヨーロッパ』や、ドイツの『ハンデルス・ブラット』紙等、欧州主要紙において対米支援の書簡を発表した。米欧関係はイラクによる世界の安全に対する脅威の犠牲になってはならないとして、国際社会の連帯と結束を訴える内容のもの。同年五月二〇日の『フィナンシャル・タイムズ』紙によれば、この書簡は『ウォールストリート・ジャーナル』紙の欧州副編集長のマイク・ゴンザレスが、アズナール＝スペイン首相の外交顧問のアルベルト・カルネロにもちかけたとされている。その後、各国の首相や大統領の了承を取り付け、最終的には八カ国の首脳の書簡となったが、前記一月三〇日の『ハンデルス・ブラット』紙では、チェコのハヴェル大統領の同意はその時点では間に合わなかったのか、七ヵ国の首脳となっており、各国の首脳への支持取り付けオペレーションがあわただしく行われたことの一端を覗かせている）。

EUの出発点となったマーストリヒト条約、そしてそれを受け継いだニース条約、さらに批准が待たれるEU憲法案をみてもCFSPをすべて特定多数決で決定できるまでには至っていない。加盟国中一国でもコンセンサスでの決定を求める場合にはコンセンサスに委ねなければならず、特定の利害の絡む重要問題になればなるほどCFSPは作れない。したがって、その限りにおいてEU加盟国は独自の立場で行動することになる。これが国際政治のリアリズムであり、英国やフランスが拒否権をもつ安保理常任理事国のステータスにも固執することがよくわかる。マーストリヒト条約からニース条約に至る条約を整理したEU条約の第一九条には、その第二項において、安保理常任理事国たるEU加盟国は他の加盟国と協議し、十分に情報提供することおよびEUの立場と利益の保護のために行動しなければならない旨規定されているが、共通の立場が形成されていない問題については、英、仏はこの規定の縛りを受けず独自に行動ができ、外交上のフリーハンドを有している。

(2)「同盟かEUか」のケース

(イ) 西側の分断

米国との同盟を重視するかEU独自の立場かのジレンマは、イラク問題をめぐっては「古い欧州」のドイツ、ベルギーと「新しい欧州」のイタリア、スペイン(当時)、ポルトガルにおいて強く見られた。英国は親米、フランスは反米、中・東欧は親米とポジションが明確であったが、これ以外の国にとっては同盟かEUかの選択を迫られることは極めて悩ましい問題であった。最終的にはドイツ、ベルギーは反米へ、イタリア、スペイン、ポルトガルは親米へと立場を明確にしていった。

その背景にはイラクにおける経済的利権などの短期的国益というよりは理念と原則をめぐる外交上の駆け引きがあり、「古い欧州」を中心とする国々のバランス・オブ・パワー指向と歴史的な反米主義への回帰により、西側世界内部の分断が進行していった（この外交的駆け引きの詳しい経緯については、Financial Times が、二〇〇三年五月二七—三〇日の四回にわたり“The divided West”と題する分析記事を掲載しており、参考になる）。すでに述べたとおり、この分断は「一極」か「多極」かをめぐる外交上のリーダーシップ争いに関するものであり、二一世紀の世界秩序にとって深刻かつ重要な意味合いをもつものである。以下において、イラク問題をめぐる西側世界の断層線がどのようにして生じたのか、いくつかの国の事情について簡単に紹介する。

(ロ)　ドイツ

まずジレンマの大きいドイツであるが、冷戦期とポスト冷戦期を通じて米国との同盟関係と欧州統合路線を車の両輪のように最重要視していたドイツがなぜ反米路線をとったのであろうか。ブッシュ（父＝第四一代）大統領によって統一ドイツは「リーダーシップを共有するパートナー」と称されてきたが、シュレーダー（Gerhard Schröder）首相の二〇〇二年秋の再選をかけた連邦議会選挙の最中に対米姿勢を修正し、イラク問題に関して反戦・平和路線を打ち出してしまった。そこには国民の平和ムードを反映した選挙戦術的要素が多分に存在し、米国の一極支配への対抗軸の形成とか反米路線という深く考慮された確信的な外交戦略が存在していたのでは必ずしもなかったと思われる。与野党勢力伯仲の中で、前回一九九八年選挙当時の「新しい中道」（ノイエ・ミッテ）という考え方では最早国民を納得させることはできず、これに代わる「ドイツの道」という新しいスローガンを必要としたという事情もあった。

「ドイツのことはベルリンで決める」とのシュレーダー首相の言葉は、反米とか多極化を云々する以前に、「普通の国」としての自負と自己主張（米国に対する対等の発言権）を国民向けに語ってみせたものであり、キッシンジャー（Henry Kissinger）の言うように、「イラク問題を口実に、ドイツ外交はより自主的な方向へと転換されるに至った」と見るべきであろう（H・キッシンジャー「イラク問題は口実　自主外交へ進む独」二〇〇二年一二月二日、読売新聞「地球を読む」）。冷戦と分断のくびきから解放されたドイツ国民の間でのパシフィズムの蔓延という要素も無視できないものがあり、ドイツの国政選挙では珍しい外交の内政化現象ととらえることもできる。ただ、このシュレーダー発言の当初の時点では、ドイツはまだ反米グループに入っていたわけではない。ドイツを明確な反米陣営に誘い込み、多極化路線へのシナリオを書いたのは後述のフランスであったと考えられる。

(ハ)　フランス

フランスはドゴール大統領以来、歴史的に米国への対抗意識の強い国であり、米国主導の世界秩序を甘受せず、厳密な意味で米国との軍事同盟を選択せず（いまだNATOの軍事部門に完全に復帰していない）、第三の大国路線を歩んできた。米国との特別な関係を指向した英国と異なる独自の核大国路線をフランスに歩ませたきっかけの一つは、英国とともにエジプトに武力介入を行った一九五六年のスエズ危機において、米国の反対にあって停戦・撤兵のやむなきに至った屈辱的な歴史にあったと言われる（Kramer, *op. cit.* 前掲「イラク危機とブレアの深い悩み」二四六―二四七頁）。

米国主導のグローバリゼーションとブッシュ政権の登場による一国主義的外交に反発する傾向は、

すでに第三次保革共存（コアビタシオン）のシラク・ジョスパン政権時代から見え隠れしていたが、二〇〇二年五月五日のシラク（Jacques Chirac）大統領の再選を契機に、「強いフランス」と「強い欧州」を目指す「新ドゴール主義」的な傾向が強くなってきているとみられている（"France, America and Iraq : On the brink," IISS Strategic Comments, Vol. 9 / Issue 2, March 2003）。

イラク問題における対立は、「一極」か「多極」かをめぐる米、仏の外交上のリーダーシップ競争、戦争か平和かをめぐる世界観の違い、中東の安定に関する考えの相違（フランスは、イラクよりもイスラエル・パレスチナ問題の解決をより根本的と見る）等が複雑に絡まりあって生じたものと思われる。折から二〇〇三年一月に独仏友好協力条約（エリゼ条約）の四〇周年を迎え、独仏協調の機運とムードが最高潮に達したと見るやフランスは、シュレーダー独首相のイラクをめぐる反戦姿勢を奇貨として、また、自国のみが孤立することにはならないと見て、独仏の「反戦・平和デュオ」を作り上げ、さらにかねてより「多極化」を標榜していたロシアと中国をも加えたユーラシア大陸にまたがる「反戦・平和クワルテット」に発展させた。ドビルパン（Dominique de Villepin）フランス外相の巧みな外交攻勢により外交的にはフランスによる対米包囲網は功を奏し、米国は結局、第二の安保理決議を断念することになる。その意味では、フランスのマルチ外交に軍配が上がった形となったが、その後遺症もあり、しばらくの間米国はフランスが反対することが明確に予想される決議案を安保理で議論することを躊躇するようになったのは、安保理にとっては必ずしも幸運なことではなかった。

(二) 英国

クレーマー（Steven Philip Kramer）米国防大学教授によれば、世論の反対にもかかわらずブレア首相がイラク問題で米国の路線を支持したのは、「『特別な関係』を維持して傍らにいなければアメリカは自制心を失って手がつけられなくなる恐れがある。……アメリカとの『特別な関係』はここにおいてアメリカが暴走するのを封じ込めるための戦略と化していた」（Kramer, *op. cit.* 前掲「イラク危機とブレアの深い悩み」二五四頁）ためだとされているが、そのブレア政権も情報機関の情報操作の事実をめぐってイラク後遺症に悩まされた。

英国が今後とも米国からの信頼を得るためには、EU諸国に対する発言力を強化することが前提となる。ところが、軍事面でEU独自の防衛・危機管理能力を高めようと英国が音頭をとって進めてきた英仏サンマロ合意も、一時は英国抜きで仏、独、ベルギー、ルクセンブルクの四ヵ国で進められようとしていた（二〇〇三年四月二九日、ブラッセルに参集した仏、独、ベルギー、ルクセンブルクの四ヵ国首脳は、EUのCFSPとESDPの強化のための具体策を打ち出している。NATOの枠内と断りつつも、NATOにおける米国の存在が大きすぎるというよりは、欧州が小さすぎるとして、EUの憲法草案に関する議論をも念頭に、①全EU加盟国の安全と連帯のための条項の挿入、②軍事能力と装備調達面での強化のための欧州機関の設立、③安全保障と防衛のための欧州大学の設立を提唱している）。

しかしながら、その後二〇〇三年一一月二九日にナポリで開かれたEU外相理事会、そして同年一二月一一日のEU首脳会議において、NATOが関与しない場合のEU独自の防衛体制の構築に英国も含めて合意が成立し離間は回避された。EU内における英国の発言力の確保のためブレア首相が譲歩したものとみられるが、果たしてこの先、ユーロ加盟やEU憲法の批准が不確実な英国がアメリカの一人歩きを封じ込めるだけの説得力のある役割を果たしうるか、この辺りに英国が逢着しかねないジレンマが潜んでいると考えられる。今後、他のEU加盟国からEUメンバーとしての踏み絵を迫られる英国に残された道は二つある。すなわち、ユーロを導入して「完全な」EUメンバーとなり、引き続き米国との特別な関係を梃子に独自の役割を果たすのか、あるいは、EUとの関係は現状程度に曖昧にしておいて、安保理常任理事国としての「大国」ステータスにしがみついたまま米国に対してもEUに対しても独自の役割を果たすチャンスを失うかもしれない道をたどるのかであり、米欧の架け橋としての英国にとって道は必ずしも平坦ではない。

(ホ)　中・東欧諸国

最後に、簡単に中・東欧諸国について触れておきたい。これらの国々は欧州に復帰することにより国際的な認知を得て、遅すぎた「民族の自決」と民主主義の赤字（deficit of democracy）の解消ならびに「平和の配当」を求めている国家グループである。その意味で、EUが最も重要な外交のオプションであることは間違いないが、ロシアの歴史的・潜在的な脅威を考えた場合、EUか米国かの選択を迫られたときは躊躇なく米国を選択するという安全保障上の脆弱性を内包する新興民主主義国家である。これらの国々は二〇〇四年五月にEU加盟を果たした。しかし、EUは、加盟国の増大および旧東欧諸国の国家意識の覚醒と国益追求の姿勢により、意思決定プロセスにおいて今まで以上に困難な局面に逢着するのではないかとみられる。これまで進められてきた、独・仏を中心とする統合の神通力が必ずしも円滑に作用せず、むしろこれに対する反発が高まって、ＥＵ内に異なった二つの統合スピードをもつ先進グループと後進グループの二分化および先行統合が予想以上に進展する可能性がある。

特に、前述の八ヵ国首脳の書簡をめぐって行われたシラク大統領の中・東欧の新規加盟候補国（当時）に対する不用意な発言は、これらの懸念を暗示するものであった（シラク大統領は八ヵ国首脳の書簡に関し、二〇〇三年二月一七日のブリュッセルにおける特別欧州理事会の機会に、「これらの国々は、行儀がよくないうえに、米国の立場への早すぎる支持がもたらす危険にかなり無自覚である。……これらの国は沈黙するよい機会を逃してしまった」と述べたと言われる〈『フランクフルター・アルゲマイネ』紙二〇〇三年二月一九日〉）。これに関し、中・東欧の各国からはシラク大統領の尊大な態度に対し無作法者との批判が相次いだ。また、日頃、ドイツとフランスの主導的な役割を必ずしも快く思っていないイタリア、スペイン等のいわゆる「準大国グループ」も問題いかんによっては、これらの中・東欧の新規加盟国と連携してＥＵの意思決定をより困難にする方向に回らないとも限らない。このＥＵ内の小ヘゲモニー抗争が今後のＥＵの台風の目であり、ＥＵの過度の自己主張を阻止しようとする米国もケース・バイ・ケースで外からのＥＵ分断工作の誘惑に駆られる可能性もなしとせず、今後とも、欧州諸国にとって「同盟かＥＵか」の局面におけるジレンマは解消することなく存続する可能性が考えられる。

国連は欧州の権力政治に利用されているのか

ここで目を国連に転じてみたい。ドーラン米外交問題評議会準シニアフェローは、米仏対立の理由とそれが国連に及ぼす影響について興味深い指摘をしている。次のとおり引用して紹介する。

「特にフランスにとって反米路線をとることの戦略目的は、ヨーロッパでのパワーバランスを維持することにある。イラク戦争をめぐる国連での攻防戦は、実際には欧州コミュニティー内部でのリーダーシップをめぐる抗争でもあったのだ。権力政治面からみれば、この抗争でフランスが自分の相手として意識していたのはイギリスだったし、ドイツも、フランスほどではなくても、この点をおそらく意識していたはずだ。」「仏独がヨーロッパで大きな影響力をもっていることにかねて反発していたイタリア政府とスペイン政府は、欧州内部のライバルのパワーを相殺しようと、世論を無視してアメリカを支持した。ポーランド、ブルガリア、デンマークの動きについても、同じ理屈で説明ができる。……いずれにせよ、米欧対立の本質は、実はヨーロッパ内部の政治力学に派生していることを認識すべきだ。」(Doran, Rose, *op. cit.* 前掲「誰が世界と国連を引き裂いているのか」二五七頁)。

確かにドーランの見方も一理ある。しかし、今回の米欧対立を欧州内の権力闘争の反映と見る見方には必ずしも賛成できない。米国主導のグローバリゼーションに対抗する欧州(EU)の反発は、二〇〇〇年三月のリスボンにおけるEU首脳会議で打ち出されたリスボン戦略（米国に対抗するソーシャル・ヨーロッパという路線）の延長線上にあるものと考えられ、また、米・EU間の勢力均衡の政治力学に端を発していると思われる。圧倒的なハイパー・パワーたる米国に軍事的に対抗できる国は現在のところないが、米国の一極支配と単独行動主義に対する欧州からの異議申し立てが今回の対立となって現れたものと考えられる。大局的に見た場合、欧州はEUを中心に世界政治において明確に独自のモデルを提示し、弁証法的な世界秩序の構築を模索しはじめていると見ることができる（独仏を中心に欧州が自己主張していることを指摘しているものとして、Helmut Schmidt, "Die Selbstbehauptung Europas," Deutsche Verlags-Anstalt, 2000; Gregor Schölgen, "Der Auftritt, Deutschlands Rückkehr auf die Weltbühne," Propyläen, 2003 などがある)。

その萌芽はすでに保革共存のフランスの前政権時代から現れている。グローバリゼーションをめぐる対立（フランスはグローバリゼーションをコントロールする必要があるとの考え）、前述の「ソーシャル・ヨーロッパ」の発想、温暖化防止のための京都議定書や国際刑事裁判所（ICC）、小型武器取引の規制、包括的核実験禁止条約（CTBT）等の問題に関する米国の単独行動主義への反発とフランスやドイツに古くから存在しているアンチ・アメリカニズムの覚醒、これらがイラク問題を契機に一気に凝結して発露されたと見るべきであろう。米欧対立の大きな流れは、「一極」か「多極」かをめぐるユーラシア対米国、あるいは大陸国家対海洋国家という地政学的な大きな対立の流れと考えられる。EU内には仏独のヘゲモニーに対する局所的な反発ももちろんあるが、米欧対立が欧州内の政治力学から派生したものであるとして矮小化してみるべきではない。

このようにして生じた大きな地政学的な断層線が国連安保理のなかにも引かれ、国連を舞台にバランス・オブ・パワーの外交ゲームが展開し始めたのである。なお、欧州の中の新・旧の対立も独、仏、ロシア等大陸国家とそれを取り巻く海洋国家（英国、スペイン、イタリア、ポルトガル）との間の対立であるが、これもグローバルな大陸国家vs.海洋国家の勢力均衡の一環と見ることもできる。ただ、中・東欧諸国については少し事情が異なり、ロシアに対する安全保障上の懸念から米国を選択しているものとみられ、勢力均衡とか大陸対海洋、ユーラシア対非ユーラシアという大きな地政学に根ざす政治選択とは異なる次元のものであると考えられる。

日本にとっての意味

以上に見たとおり、欧州におけるポスト・イラクの二つのジレンマ（「国連かEUか」、「同盟かEUか」）の存在と特にフランス、ドイツを中心とするEUの拡大をテコとした自己主張の傾向が今後も基本的な底流として続くと仮定した場合、このような流れは必ずしも世界秩序と国連安保理の機能を強化することにつながらない恐れがある。ドーランが指摘するように、国連は欧州の権力政治に利用されている面も一部あるとすれば、結果として、ネオ・コンのアメリカでなくとも安保理での議論に嫌気がさして安保理を迂回して有志連合を組んだり、単独で行動したりする危険性が助長されることになる。

他方、イラク問題での安保理の分裂という深刻な事態を経験したことは安保理改革の気運を促す結果となった。前述のとおりドイツが安保理常任理事国化の戦略を鮮明にしたほか、日本も外務省に「国連強化対策本部」を設置し、二〇〇五年の常任理事国化を目指して本格的な取組みを開始したところである。座して待つ限り、安保理改革は欧州諸国内部での力学関係から静止状態のままであり、米国の国連離れはますます助長されかねない。英国が「特別な関係」をフルに活用して米国の「単独行動」を抑えるとしても、ブレア首相のように国内世論に逆らって自らの政治生命を賭してまで米国と行動をともにする英国の指導者が今後どれだけ出てくるかは未知数である。また、その英国の存在もEUの中で影響力を及ぼしてこそ米国の信頼を勝ちうるのであるが、ユーロに距離をおいたままの状態が続けば、英国のEUにおけるリーダーシップと影響力は逓減せざるをえない。

では、日本が、唯一の超大国である米国に対して、英国とともに、または独自に国際協調を促し「単独行動」を防ぐ歯止め役を果たせるであろうか。不可能ではないにしても極めて困難な任務であり、いざという場合には(軍事的にも)米国と行動をともにする覚悟があってはじめて成しうる仕事である。日本は英国のような覚悟と政治的、法的な条件がまだ十分に備わっていない。まして、安保理において恒常的に意思決定に参加する(時にはノーと言う)権限すら与えられていない脆弱な同盟国である。また、日本は欧州の一部の国のように、米国に対抗するアンチテーゼとなって弁証法的な世界秩序を構築する「極」に単独ではなり得ない。

二　欧州の自己主張とジレンマ

日本は、欧州が世界政治のひとつの中心となりうる時代が到来しつつある現状を踏まえて、将来の多極化をにらんだ外交を行う準備をしておかなければならない。それと同時に、米国を孤立させず、一国行動主義ではなく国際協調によって世界の問題が処理されていくよう促す外交努力の中心に自ら位置しなければならない。また、勝者と敗者のいない真にプラスサムの世界システムを実現させるためにも、日本の果たすべき役割は決して小さくない。米国との関係で欧州が動けない状態であればあるほど日本の出番が期待されるのであり、欧州を説得し米国と国連安保理を救うことが二〇〇一年から始まった「日欧協力の一〇年」を飾るにふさわしい日本外交の課題である。そして、そのことがイラク戦争から日本がくみ取るべき教訓の一つであると考える。

三　国連に未来はあるか——安保理改革と日本の進む道

失われた一〇年

"If it ain't broke, don't fix it."（壊れてなければ直す必要はない）。これは第一期ブッシュ政権の国務次官を務めたジョン・ボールトン（John Bolton）氏が、一九九二年当時国務省の国際機関担当次官補であったころ国連安保理改革に関する議論の中で述べた言葉である。筆者は当時この言葉を直接耳にしているが、恐らく当時も今も米国の本音を示すものであろう。

冷戦の崩壊とそれに続く一九九一年一二月のソ連の解体を目の当たりにして、誰しも新しい世界が訪れ国連安保理が本来の姿に戻るチャンスが訪れると思ったに違いない。折から、一九九二年一月に安保理議長国となった英国のメージャー（John Major）首相は、この機会に常任理事国（P5）の結束を強化するとともに、国連の集団安全保障機能を国連憲章が本来想定したかたちで活性化させようとして、史上初の安保理首脳会議の開催を提唱した。その一方で、この首脳会議の隠れたアジェンダとしては、ソ連の後継者となったロシアを安保理常任理事国として静かに迎え入れようとする狙いも存在していた。

かくして、安保理首脳会議は一九九二年一月三一日ニューヨークで開催されたが、国連憲章上の重要問題であるはずの常任理事国の地位の継承ということに関してなんら実質的に議論されることなく、すんなりとロシアが迎え入れられた。「勝ち続けているチームをなぜ代える必要があるのか」とはメージャー首相自身の言葉であるが、安保理常任理事国のステータスは触れてはならない「密教」的ヴェールに包まれた世界であった。

そのような第二次大戦と冷戦の勝ち組の同窓会的な雰囲気にもかかわらず、前年の一九九一年安保理での意思決定に参加できないまま湾岸戦争で巨額の資金負担を強いられ、外交的な苦渋を味わった日本は、この機会を好機ととらえ安保理改革問題を提起したのであった。日本と同様、湾岸ショックを経験したドイツは当時安保理のメンバー国ではなく、また、東西ドイツ再統一の興奮とユーフォリア（幸福感）も冷めやらぬ中、統一を可能にしてくれた英、仏への遠慮もあり、安保理改革についての意欲は希薄であった。なおこの点は、当時ドイツの外相であったゲンシャー（Hans-Dietrich Genscher）氏も後日、筆者の問に対してその趣旨のことを述べている。

七度目の非常任理事国に選出された日本を代表して出席した宮沢喜一総理（当時）は、安保理首脳会議のステートメントで「機能、構成を含め安保理が新たな時代に適合したものとなるよう絶えず検討を続けていくことが重要」であると述べたが、この言葉こそ、その後一〇有余年にわたり国連総会で行われてきている安保理改革論議の嚆矢となるものであった。

周知の通り安保理改革をめぐる議論は、一九九四年一月に総会に設けられた安保理改革に関する作業部会（オープン・エンディッド・ワーキング・グループ）で関心のあるすべての国の参加のもとに開始された。改革を求める日、独、インドおよびこれを支持する米、英、仏等に対し、ライバル国家の常任理事国化を何としても阻止したいとするイタリア、スペイン、メキシコ、パキスタン等の通称「コーヒー・グループ」（国連ビルのカフェテリアで、コーヒーを飲みながら自国に不利となるような安保理改革を阻止しようとして集まった国のグループ）とそのようなチャンスが殆ど訪れることのない多くの途上国グループなどが三つ巴になって論争を繰り広げた。その結果、一九九八年一一月二三日の国連総会において、コーヒー・グループ等の提出した「安保理改革に関するいかなる決議または決定も、少なくとも総会構成国の三分の二の賛成票なくしては採択しない」との決議が採択された（A／RES／53／30）。

通常、総会における重要事項の意思決定方法は総会に出席し投票する国の三分の二の多数ということであるが、そうではなく、一九一の国連全加盟国（二〇〇四年末現在）の三分の二、すなわち一二八ヵ国以上の賛成がない限り、総会の意思決定ができないとする高いハードルが課せられたのであり、それ以来安保理改革議論は頓挫した状態にあった。

このようにして冷戦終了後初めて訪れた安保理改革のチャンスは、一九九二年の安保理サミットから一三年以上、実際にワーキング・グループで議論が開始されてから一一年が経過した。第二次世界大戦直後の秩序維持メカニズムとして発足した国連が真に普遍的な組織への脱皮ができないまま、「失われた一〇年」が経過しようとしている。どうすれば安保理は改革への道を歩むことができるのか。ボールトンがいうように、今なお「壊れてなければ直す必要はない」のか、そしてイラク戦争に至るプロセスを経て安保理の無力化と国連への不信感があらわになった今日、安保理と国連が十分な役割を果たさないまま、かつての国際連盟と同じ衰退の道をたどるのを座視すべきであろうか。そうであってはならないことは自明であるが、ではどのようにすれば良いのか、以下に私見を述べることとする。

劇場化する安保理

ポスト冷戦の安保理にも輝ける時代があった。一九九一年の湾岸戦争での多国籍軍への武力行使容認決議六七八（一九九〇年一一月二九日）およびソマリアやハイチなどの多国籍軍設置決議、そしてその前後数年間の多数のPKOの設置（ユーゴ、カンボジア、ソマリア、モザンビーク等）などを通じ常任理事国間の協調が達成され、国連の集団安全保障機能が復活したかの印象を与えた一時期もあった。

しかしながら、一九九三年一〇月のソマリアでの米軍兵士一八人の殺害事件以降、クリントン(Bill Clinton) 政権がそれまでの「積極的な多国間主義政策 (assertive multilateralism)」を放棄したのを契機に、安保理は国際の平和と安全に関する本来の機能を果たすことなく今日に至っている。コソヴォでもアフガニスタンでも当初の出番はなく、もっぱら紛争終了後の平和構築や人道支援等の事後処理的役割を果たすのみであった。そしてイラク問題では、同国への攻撃の是非をめぐって安保理は真二つに割れて、さながら冷戦時代のような不信の構造に陥ってしまった。

政権内のネオコン・グループの強力な主張で一国主義的行動をとりつつあった米国は、ブレア

(Tony Blair) 英国首相やパウェル (Colin Powell) 米国務長官の努力でやっとイラク攻撃問題を安保理に付託して審議を行い、「国際社会全体 vs. イラク」という対決構図によって問題解決をはかろうとした。しかしながら、その目論見はにわかに形成された仏、独、露の「反戦・平和同盟」の反対に遭い、結局再度の安保理決議を回避する形でイラクへの武力攻撃が行われてしまった。

この「反戦・平和同盟」は、単に武力行使の合法性、政治的妥当性への疑問から反対に回っただけではなく、「一極世界」か「多極世界」かの世界観をめぐるパワーゲームの場として安保理を利用し、冷戦後の最大の外交ショーの桧舞台としたのである。その間の経緯については、二〇〇三年五月二七日付けのフィナンシャル・タイムズ紙の解説記事が詳しく紹介しており興味深い。それによれば、二〇〇三年一月二〇日にフランスの議長下で開かれた安保理外相会合は、本来テロ問題について議論する予定であったのが意図したものか否かイラク問題になってしまったとされている。パウェル国務長官にとっては予期せぬ「外交的待ち伏せ攻撃 (diplomatic ambush)」となったと言われているように、安保理において米、仏両国のわだかまりと不必要な対立を残す結果となったのは残念であった。

このように、安保理が紛争解決の場というよりは劇場化し、パワーゲームの舞台となることを許した常任理事国全体の責任は厳しく問われなければなるまい。冷戦時代のように、イデオロギー対立や覇権争いにより安保理が拒否権の応酬で機能しないというのではなく、「大国」としての威信を維持せんがためのポケット・ヴィートー(拒否権の行使をほのめかしつつ、外交的駆け引きを行うこと)の段階で大きな亀裂が生じたのである。その意味で、イラク開戦の二〇〇三年三月二〇日は外交が敗北した日であった。

冷戦期からポスト冷戦期にかけて一枚岩のように思われた大西洋同盟がイラク攻撃をめぐって親米か反米かで二分されてしまったことは、東西、南北というイデオロギーや貧富の差というこれまでの対立軸とは異なる、新たな地政学的な対立構造が生じつつあることを示している。

今後の国連を取り巻く状況を鳥瞰すれば、安保理常任理事国のステータスにしがみつく仏、露、中、安保理を無視できる米国（その背後には英国、イタリアや旧東欧諸国等が存在）、そしてその中間に位置する日本、ドイツ、インド、ブラジルという、主要国間での地政学的な外交が展開される安保理受難の時代に突入する様相が浮かび上がってくる。もはや安保理は改革しても無意味な存在になろうとしているのであろうか。安保理そして国連を救う道はあるのか、それとも世界の安全保障と紛争解決のためには国連の枠組みに代わる新たな国際組織が必要なのか、そのことを今真剣に問い直してみなければならない。

国連悲観論を超えて

国連の失敗を語るのは簡単である。しかし、戒めるべきは、紛争解決における国連の可能性と限界をわきまえた上で国連の機能を最大限に発揮させるような環境を加盟国自らが積極的に作り出そうとしないことである。常任理事国間の不協和音、責任ある国の単独行動がそれである。最近では日、独も徐々に紛争解決に向けての政治力の発揮と国際公共財（international public goods）の提供が可能になりつつあるが、本来これを積極敵に行う能力と責任を有しているべきであるのは安保理の常任理事国である。

ところが、これまで実際に安保理常任理事国で積極的にそのような役割を果たしてきているのは、米、英、仏の三ヵ国であり、ロシアや中国は国際公共財の提供も紛争解決への努力も積極的に行わないばかりか、PKOを除き多国籍軍にもほとんど参加してきていない。拒否権行使の可能性を盾に専ら消極的な大国外交を行ってきたのであり、常任理事国としての責務を十分に果たしているとは言いがたい。このような国の姿勢も安保理を弱体化させる要因となっており、意識改革が望まれるところである。

ただ、安保理が機能しなくなるとしても日本は焦燥感をもつ必要はない。安保理が機能しなくて困るのは、現在の常任理事国のうちでハイパー・パワー（極超大国）たる米国を除く英、仏、露、中の四つの現状維持勢力（ステータス・クオー・パワー）である。したがって、本来安保理改革を進めなければならないのはこれらの国々であるが、そこにはジレンマが存在する。改革すれば自らのステータスに何らかの影響が生じかねず、そうかといって改革しなければ安保理の無力化が進み、かつての国際連盟と同じ道をたどることになるかもしれない。

勿論、現状維持のままで米国に同調する選択肢もあり、それはそれで安保理は機能するようになるが、これでは常任理事国としての面目にかかわってくる。したがって、現状維持勢力が政治的にとらざるを得ない選択肢は、既得権に致命的な変更を加えない範囲で改革を行い自らのステータスの延命にかけるというオプションしか残らなくなる。

今から一〇年ほど前になるが、国連改革論議が盛んな頃の米『フォーリン・アフェアーズ』誌（一九九四年九・一〇月号）に「なぜ国連は失敗するのか」（Why the U. N. Fails?）というサーディア・トゥーヴァル（Saadia Tuval）氏の論文が掲載されている。今日でも十分に通用する同氏の論文を要約すれば次のようになる。

「国連には紛争の平和的解決の任務があるが、これが昨今殆ど機能していない。というよりむしろ、国連は仲介等を果たしにくい構造になっている。国連による交渉は与えられたマンデートの範囲内で行われるため、これを少しでも越えると新しいマンデートが必要となり、再び膨大なプロセスを経なければならなくなって、機動性に欠ける。さらに交渉結果の合意を保証する能力が国連にはない。このように紛争の平和的解決を図る面においてすら国連は不利な立場に置かれており、国連の失敗は不可避である。そこで国連がまず取組むのではなく、関係の加盟国に委ねればよいのではないか。紛争の調停を自らの利益と見做す加盟国がこれを行い、国連はあくまでサポートの役割にまわればよい。自ら利益を感じている国が人的、物的な様々な資源を投入して交渉を成功にもっていく方がむしろ効率的である。加盟国をもっと活用すべきである。」

これは主として紛争の平和的解決の場合を念頭において論じたものであるが、強制的な解決の場合も同様である。国連は意思と能力のある加盟国にお墨付きを与えて、積極的に活用せよということである。何でも国連に丸投げしたり、誰もやらない問題を国連が引き取ってばかりいては国連は失敗することが運命付けられているというのである。同様に国連は無用だと考えるのも危険であり、国連か同盟かという二者択一論で迫ることは建設的なアプローチとは言えない。紛争解決メカニズムの選択肢はできる限り多様に用意しておき、各メカニズム間のインター・オペラビリティー（相互運用）をどう確保するかに努力を集中すべきである。

米国が目指している問題ごとの有志連合といった考え方も実はこれに近い（その際、国連のお墨付きがあるほうが望ましいのは当然）。やる気のある国に安保理が不必要にストップをかけたり、逆に国連が誰も面倒をみない「見捨てられた」問題の後始末ばかりをしていては、確かに「失敗」は不可避となる。加盟国をやる気にさせるのが今後も安保理の重要な仕事である。集団安全保障が機能しないから安保理は無用だとか、新しい組織を作れと言う必要はない。日本はそのような短絡的な議論に与する必要はない。

そもそも、国連はルール違反をした加盟国に対する制裁を共同で行う主権国家間のクラブ組織のようなものであり、意思と能力のある加盟国にやらせることを決めるメカニズムではあっても、加盟国の安全を保障する集団防衛的な機能は持ち合わせていないのである。その意味で、一国の安全保障を国連に依存するということは理想論としては存在し得ても、現実にはあり得ないことであることは六〇年近い国連の歴史が示している。

二重の機能不全

イラクへの攻撃をめぐる問題で決定的なダメージを被った安保理ではあるが、安保理は引き続き安定的な秩序維持のための多国間協調を目指す国際努力に対して合法性と正統性を付与し、国際協調を促進する唯一の世界フォーラムとしての機能を果たすことが期待されている。国連はそのような協調的な安全保障を担保するシステムとして構想されており、また、かつての国際連盟と異なり、世界の主要国がすべて参加している普遍的な組織である。

しかしながら、常任理事国における現状維持志向および過度の国益重視の姿勢により、常任理事国の利害関係が強い問題であればあるほど安保理が機能せず（コソヴォ、イラクのケース）、逆に利害関係が希薄な問題では協調は達成されやすいが、そのような問題には安保理があまり関心を示さない（ルワンダ、スーダン等のケース）という二重の機能不全の問題が生じている。また、一般的に国連の活動への人的、資金的な協力が得られにくい状況に至っていることもこのような状態に拍車をかけている。安保理の構成の問題と相俟って、この二重の機能不全の問題は安保理ひいては国連の信頼性と実効性に対する疑問にも結び付いている。

なぜ協調がうまく機能しないのか。思うに、各国とも国益を極めて限定的に定義し、真に自国の安全に影響のないことには極力関わりたくないとの選択的な関与の論理が働いているからであり、またその反面、実際に意味のある国際公共財を提供できる立場にある国（日本やドイツ等の有力国）が意思決定から疎外されているからである。多国間協調が効果的に機能するためには、主要国間での情報と意思決定の共有が前提として存在している必要があるが、現在の国連安保理にはこれが欠けている。

主権国家の並存的な集合体である国連はまた、国益反映の場でもある。道義と理想主義だけでは加盟国の協力は得られない。各国の個別の国益をいかに国際公益と調和させるかの動機づけの努力が必要である。各国も自国の国益と国際公益の調和（すなわち、加盟国の行動に対する安保理による合法性と正統性の付与）という誘惑に導かれつつ、国際公共財を持ち寄るのであるから、国連はそのようなインセンティヴを付与することによって加盟国の政治力と資源を積極的に活用すべきである。

日本においては、長年にわたり国連中心主義という言葉は国連に主体的に関与し、国連を動かしていくというよりは、国連を持ち出すことによって論争を止揚（アウフヘーベン）するための消極外交の代名詞であった。しかしながら、安保理が冷戦時代とは異なる論理で再び重要な場面で機能しなくなる危険性に直面している今日、日本は国際の平和と安全のために国連をどう活用するか、また、国連が機能しない場合に自らはどう動くかという方向で外交を進めていく必要がある。

国連を定数ではなく変数と捉える新しい国連外交の展開が必要である。その中身は、国連を理想化せず日本の国益と威信を守るためのマルチ外交の場のひとつと考え、国連をうまく機能させることによって、日本自らが世界の平和と繁栄のために深くかかわりあっているのが見える場として積極的に活用することである。リアリズムとギブ・アンド・テイクのレアール・ポリティークに基づく能動外交である。国連も日本を含む世界の国に活用されてこそその存在が意味をもつのであり、それが結果として国連の再生にもつながると考えられる。

これからの安保理改革の方向性

イラク問題を契機とする安保理の劇場化と表面的には修復されたかに見える米欧対立のしこりをそのままにしておいて、安保理に今後の世界の危機管理ができるわけがない。安保理の綻びは目を覆うべくもなく明らかであり、早急な修理が必要である。ただ、今後新たな地政学的な世界地図の中で安保理改革を進めていくためには、これまでの改革案の延長線上では議論は進展しないと思われる。安保理はいわば政治的なデフレ状態に陥っているのであり、新たな発想に基づく抜本的な改革案を提示しなければならない。同時に、新たな安保理改革は、世界の秩序のあり方をどう見るかという世界観を反映する実質的には新しい国連創設の試みでもあり、唯一の超大国の米国はもとより、既存の常任理事国そして三分の二の大多数の加盟国を納得させるものでなければならない。

地政学的考慮

安保理を真に権威ある機関とし国際危機管理の中心的存在とするためには、既存の常任理事国に加えて、現在および将来の地域の大国を参加させる必要がある。現在の常任理事国は第二次世界大戦の勝者であるが、冷戦が終わりテロとの新たな戦いが行われている二一世紀前半の国際政治の現実を反映した構成にはなっていない。非常任理事国の選出にあたっては地理的な考慮が払われることとなっているが（国連憲章第二三条）、常任理事国についてはそのような仕組みはなく、一九四五年の時点での力関係がそのまま続いている。二〇〇三年六月一―三日に、フランスのエヴィアンで行われたG8首脳会議におけるG8と途上地域との対話に出席した国々は、現在の世界の地政学的な重要性を反映した一つのグルーピングであるが、これをも参考にしつつ新しい世界における安保理構成を先取りして考えていかなければならない。

世界は変わったのであり、今後は新たなジオ・ポリティクス（地政学）によって国際関係が動いてゆくという視点を安保理改革にも導入する必要がある。国連憲章に基づく集団安全保障は、当初想定されたとおりには機能してこなかったのであるから、理想主義に偏ることなく現実主義的な方法論で世界の平和と安定を維持していかなければならないであろう。二一世紀がフランスの言うような多極化した世界になるという可能性は、EUはじめ中国、インド、ブラジル等の動きを見ればむしろ所与の前提と考えてよいのではないかと思われる。そのような視点に立って安保理の構成を地政学的な観点から再構築しようとする努力、これが後述の「ハイレベル・パネル」の改革案とも異なる筆者独自の安保理改革試案である。

人口と経済という客観基準

常任理事国についての資格を云々することは、現在の常任理事国との関係で微妙な問題を有している。しかし、国連と安保理が戦勝国のメカニズムではなくより普遍的な組織に脱皮するためには、常任理事国にも客観的な基準をあてはめることが適切であり、今後五〇年程度を見越した常任理事国の基準を導入し、これに従って新たな常任理事国を選出することが必要となろう。

国際の平和と安全に貢献する「意思と能力」を有することが重要であることは言を俟たないが、このような定性的、政治的な判断基準では自薦、他薦が入り混じり議論が収束しない恐れがある。そこで、EUが長年にわたり構築してきた「平等性のなかの選別の論理」を応用して具体的には、人口規模で一億人以上の国、または世界のGDPの一割以上の経済力を有する国（ないし国連分担率で一〇%以上を分担している国）のいずれかの国から新常任理事国を選出することとしてはどうかと考える。

国力の源泉はいつの時代も畢竟人口と経済力であり、二〇〇四年六月一八日に合意されたEU憲法案における二重の多数決の基準にも人口が採用されている（これによれば、加盟国数の五五%以上およびEU人口の六五%以上の二重の賛成が必要とされる）。主権国家の平等というポリティカル・コレクトネスを維持しつつも、国家を構成する国民の数を基準とすることは人間の安全保障と民主主義の観点からも正当化されると考えられる。国連憲章にも「われら連合国の人民は」（We the Peoples of the United Nations）とあり、人民が主体となって国連の目的の実現のために努力を結集することを決定したとされていることからも、人民すなわち人口の多寡を基準とすることは国連の目的にもかなうものと考えられる。

もちろん軍事力もパワーの重要な要素ではあるが、軍事力を基準にすることは世界の軍事化を慫慂することにもなり、必ずしもふさわしくない。経済力については、中途半端な経済力では紛争終了後の平和構築（復興支援等）には役立たないので、世界のGDPの一割以上の国でなければ経済基準面での常任理事国資格は難しいと言えよう。日本は現在、前述のいずれの基準をも満たしている。今後人口は減少するが、その場合でも二〇五〇年で約一億人強と推定されている。GDPは現在世界の一四%程度であるが、今後も一〇%以上で推移するとみられ、今後相当長期にわたって安保理常任理事国の資格を有する安定した勢力である。

人口基準を一億人とした場合に、アジアでは日本とインドのほかにインドネシア、パキスタン、バングラデシュが、中南米ではブラジル（場合によってはメキシコも）、アフリカにおいてはナイジェリアが該当するが、地政学的な観点からこれらアジア、中南米、アフリカからも最低一ヵ国の常任理事国が必要である。ただし、常任理事国が増えすぎるのも安保理の効率性の観点から問題と思われるので、これまでも議論されてきた拡大後の安保理の総数を二〇台前半とするよう、また地域間の均衡をはかる観点からも地域ごとの一定の上限数を設定しておく必要がある。

なお、日本は人口、経済の両基準を満たしているので両基準に基づく候補国とし、人口基準による候補国として日本を除くアジアより一ないし二ヵ国、中南米一ヵ国、アフリカ一ヵ国を新たな常任理事国とする（アジアを一ないし二ヵ国とするのは、他の地域と比べて人口や経済力が圧倒的に大きいことによる）。さらにEUやAUが今後一層政治統合を進め、主権を共有し対外的にそれを行使する場合には、地域統合体としての将来的な参加も考慮しうる。

いずれにせよ、アジアの有資格国をどうするかが最大の問題となるが、まずは人口基準で選定し、それに経済力を加味して上位二ヵ国に限定するとすれば、インドおよびインドネシアということになる。これ以外に非常任理事国議席についてアジア、中南米、アフリカ、東欧から一ヵ国ずつが選出されるようにすると、改革された安保理は合計で二四ヵ国（EUが入れば二五）となる。新しい常任理事国については、一〇年ないし一五年後に定期的に見直しを行う規定を設けるのも一案である。欧州には上記の二つの基準のいずれかを満たす国は存在しないが、この問題をどう処理するかは次に述べる。

欧州問題とドイツの立場

欧州の最有力候補であるドイツについては、人口基準も経済基準も満たさないので同国の不満が予想される。これに対しては、安保理を真に二一世紀の国際社会のあり方にふさわしいものとするためにはドイツがその中心の一つとなって進めているEUの政治・安全保障面での統合プロセスの方法論を安保理改革にも応用すべきであると応えたい。今後各国における批准の手続きは残っているものの、新たに合意が成立したEU共通の憲法案が適用されようとする新時代が到来しつつあるのであれば、このような試みをEUと安保理が同時体験することは革新的な意味をもつ。

かくして、ドイツについては将来EUとして安保理常任理事国に参加する可能性、ないし、それまでの暫定的な方法として既存の欧州の常任理事国（英、仏）と組んで参加する可能性が考えられる。ただし、EU議席といっても既存の英、仏の両常任理事国がそのステータスを放棄すると想定することはナィーヴすぎるであろうから、英、仏の常任議席は歴史的「ボーナス・ステータス」としてそのままにしておき、さらに一つEUとしての追加常任議席を設けることが妥当であろう（EUの中で議席をどう配分するかは、EUが決定する）。因みに、主要国首脳会議（G8）には八ヵ国以外にEU（この場合は欧州委員会であるが）も参加しているという例がある。なお、独仏共同議席の可能性については、フランスの歴史・人類学者のエマニュエル・トッド（Emmanuel Todd）がその著書『帝国以後』（Après l'Empire）の中で次のように述べている。

「ドイツについては解決は単純でない。すでに安全保障理事会でヨーロッパ諸国を代表する国は多すぎるのであり、さらに一議席を増やして不均衡を拡大するのは問題になり得ないからである。ここらでフランスが知恵のあるところを見せて、自分の議席をドイツと共有すると提案すべきではなかろうか。ドイツと分かち合われた議席というのは、現在の議席よりはるかに重みを帯びるだろう。仏独のカップルということになれば、現実に拒否権を行使することも可能になろう。」（『帝国以後』藤原書店、二〇〇三年、二七八頁）

この独仏共同議席を実現する場合にも、国連憲章上の何らかの措置が必要になると考えられる。地域統合や国家間の連携が進んでいる地域に限って、前述の人口と経済のいずれかの基準を充たす場合には、統合体として常任理事国資格を認めるか既存の常任理事国との共同の主権行使を認めることも検討に価する。ちなみに独仏合同であれば、人口も経済も前述の基準をクリアすることになる。

周知のとおり、イラク戦争を契機として独仏の協調は一気に加速した。二〇〇三年が独仏友好協力条約（エリゼ条約）締結四〇周年であったという事情もあるが、かつてはそれほどでもなかったシュレーダー独首相とシラク仏大統領の個人的な友情も芽生え、二〇〇三年一〇月の欧州理事会首脳会議においては、シュレーダー首相が不在とならざるを得なかった際にシラク大統領がドイツの首相の代理を務めるという前代未聞の独仏蜜月振りを示した。

また最近では、二〇〇四年六月六日の連合軍のノルマンディー上陸（D-Day）六〇周年記念式典にシュレーダー首相がドイツの首相として初めて出席し、米欧の和解と独仏協調を象徴する出来事となったほか、独仏両国のマスコミにおいては独仏連合の形成の可能性についても報じられるなど、エマニュエル・トッドの提案は机上の空論ではないリアリティを帯びたものになりつつある。

他方、EU議席という考え方はかつてイタリアが提案したこともある。安保理改革反対ないし慎重派のイタリア、スペイン等の欧州の国々は、他の地域のパキスタンやメキシコ等とともに「コーヒー・グループ」と呼ばれる反対勢力を結集し、地域のライバル国（イタリアの場合はドイツ、パキスタンの場合はインド、メキシコの場合はブラジル）の常任理事国化を懸命に防いできた。

イタリアの主張は一言で言えば、国連の民主化の観点から新たな常任理事国を増やすことには反対で、その代わりにいわば準常任理事国のような形でローテーションで交代する特別の非常任理事国の枠を設けることを提案している。また、合意が得られるならば将来的にはEUの共通議席（この場合は常任議席）の創設についても賛成可能としている。

このEU議席については、チャンピ（Carlo Azeglio Ciampi）イタリア大統領が二〇〇三年六月二六日にベルリンのフンボルト大学で行った講演においても、「国連が依然として国際的な正統性と世界的な平和秩序の基礎としてとどまるという目標は、安保理における欧州議席という最適の目標を目指す欧州という実体の存在抜きには語れないものである」と述べており、ドイツのみを常任理事国とする、いわゆる「クイック・フィックス（一時しのぎ）」の解決方法によってはならないとの間接的な牽制球を投げている。

ところで、当のドイツはどのような立場をとっているのであろうか。ドイツは、この一〇年間の安保理改革論議に日本と同様に熱心に取組み、国連総会の作業部会において常に日本と行動をともにしてきた。しかしながら、安保理改革には当時のコール（Helmut Kohl）首相は乗り気ではなく、もっぱらキンケル（Klaus Kinkel）外相の専管事項として進められてきた。

コール首相が消極的であった理由としては、ドイツ再統一の実現という長年の悲願は達成されたが、ドイツの大国化への警戒心がなお存在する状況下ではユーロの導入による欧州統合の完成が先決であり、欧州の中で「普通の国」となることに優先順位を置くべきだと考えていたものと思われる。そのためには、フランスはもとより他のEU諸国の協力が必要で、あまり実現性と実益のない安保理常任理事国化を追求することによりEU内での調和を乱したくないとの配慮があったものとみられる。

安保理改革の問題は、国連総会における一〇年間の議論を経ても膠着状態であったこともあり、最近にいたるまでドイツの外交政策の優先課題にはなっていなかった。コール首相同様、シュレーダー首相も連立のパートナーである緑の党もこの問題に対する関心は薄かった。ちなみに、ドイツ政府のこの問題に関するこれまでの立場は、二〇〇二年の社民党（SPD）と緑の党の連立政権の政策プログラムも同じであるが、「安保理については欧州議席が望ましいものであるとの考えを堅持する。ドイツ連邦政府は、この欧州議席が実現困難となり、同時により大きな地域的な均衡の観点から安保理改革が行われることが可能である場合にのみ、常任理事国となることを目指す」というものであった。

現実にはドイツ政府は欧州議席は実現可能性がないと見ているが、そのように見る理由は、①国連に加盟できるのは主権国家のみであり、EUのような超国家主体の参加を認めるための憲章改正は困難、②イギリス、フランスも既得権を手離すことには同意しないとみられる、③欧州議席は安保理においても総会においても欧州の票数を減らすのみであり、欧州の利益に適わないというものであり、常任議席を一議席追加するとのオプションが現実的であるとしている。

ところが、シュレーダー首相は突如、二〇〇四年三月一九日、ベルリンの連邦安全保障アカデミーの開所式におけるスピーチで次のように述べてそれまでの方針を転換した。

「安保理の正統性は諸国民および諸地域を代表しているか否かに依拠している。したがって、ドイツ政府は安保理の改革と拡大のために努力する。アジア、アフリカ、ラテン・アメリカにおいて中心的な役割を果たす国は、将来安保理に議席を有するべきである。このことは世界平和の維持と国際安全保障に重要な役割を果たす工業国にも同様にあてはまる。このような背景から、ドイツは安保理の常任議席への候補国であるとみなしている。……」

シュレーダー首相はその後も三月二五日にドイツ連邦議会において演説し、ドイツは常任理事国として責任を負う用意ができている旨述べている。

では、ドイツ政府はなぜこの時点で急遽方針転換をしたのであろうか。それには次のようなことが考えられる。

第一に、イラクへの攻撃をめぐって欧州の内部結束が割れたように、欧州議席の実現は見通しうる将来実現しそうもなく、地域的な均衡の観点からの安保理改革を行う以外に現実的なオプションはないこと。

第二に、アナン国連事務総長が設置したハイレベル・パネルが、二〇〇四年末までに安保理改革を含む報告書を提出し、その後二〇〇五年秋の国連総会までの短期間に安保理改革のチャンス（機会の窓）が一度だけ到来するとみられること、そしてそのためには、ドイツとして早期に意思表示しておく必要があること（前記パネルは「脅威、挑戦および変化に関するハイレベル・パネル」と呼ばれ、議長はアナン元タイ首相。日本からは緒方貞子前国連難民高等弁務官が参加したが、ドイツからの参加はない）。

第三に、イラク問題において、ドイツは安保理非常任理事国として米国の一国主義を抑制する役割を果たし、国内および世界各国で平和勢力としてのドイツの存在感が再認識され支持を得たと判断されること。

第四に、アフガニスタンやバルカンを含めドイツは海外に八、〇〇〇人の兵員を派遣しており、常任理事国にふさわしい国際の平和と安全のための役割を果たしていること。

第五に、ＥＵの東への拡大が実現の運びとなり外交上の大きな懸案も一段落し、次なる目標として安保理改革とドイツの常任理事国化に対する国民の支持も得られやすい状況となったと判断されること。


以上のような理由から、ドイツ政府は二〇〇四年五—六月頃から強力な外交攻勢を開始し、シュレーダー首相やフィッシャー外相の外国訪問（インド、中国、バングラデシュ、パキスタン、中東およびアフリカ諸国等）の際にドイツの常任理事国化への支持を取り付けることに努力を傾注している。

いずれにしてもヨーロッパはすでに過剰に代表されており、この問題についてはさらなる検討が必要である。またイラク後遺症もあり、米国の対応はドイツにとっては一筋縄ではいかないことも予想される。新たな安保理改革については一〇年前の失敗を繰り返すことは許されないだけに、慎重かつ思慮深い戦略（ゲーム・プラン）とアイデアを必要としている。

欧州問題の処理が鍵となると思われるだけに、既に述べたようにドイツの単独議席というよりは、安保理においても超国家的な組織ないし複数の国による共同の主権行使といった新たな発想を導入することにより、欧州の大国ドイツやその他の地域における現在及び将来の常任理事国候補国の何らかの参加の可能性を残しておくことが、二一世紀の国連を救う一つの方法ではないかと思われる。

拒否権

拒否権の問題については本来は廃止することが望ましいが、これを行えば既存の安保理常任理事国の賛成と承認が得られないと予想され、改革は一歩も前に進まないことは明白である。したがって、将来の安保理改革の第二段階にこの見直しを先送りし、既存の常任理事国の拒否権については残存を容認した上でその乱用を防ぐ方法を考えるべきである。

具体的には次の二つの乱用防止の可能性が考えられる。できれば国連憲章にその趣旨を挿入することが望ましいが、最低限、安保理の議事規則の改正ないし総会決議による申し合わせでもやむをえない。具体的には一国のみの拒否権ですべてが覆されることのないように、拒否権については二ヵ国以上で行使し、発動できる対象も憲章第七章の国際の平和と安全の問題に限定する。あるいは、常任理事国一ヵ国が拒否権を発動した場合には、安保理において当該常任理事国を除いて再度投票を行い、全会一致ないしそれに近い特定多数決をもって決定を覆すことができるという制度を導入することも選択肢となりうる。

これによって既存の拒否権は温存されるが、拒否権の乱用を防ぐ方策を講じることができる。そのような拒否権の乱用の近年の例としては次のようなものがある。一九九九年二月二五日、それまで約四年間マケドニアに展開し、旧ユーゴ紛争の波及を未然に防止してきたUNPREDEP（国連予防展開隊）の任務期限の延長に関し、マケドニアが台湾と外交関係を樹立したことで中国が安保理において拒否権を行使した。また、いずれもイスラエル非難に関するものであるが、米国は国連職員がイスラエル兵に射殺された事件に関する決議案（二〇〇二年一二月）、アラファト議長の追放断念を求める決議案（二〇〇三年九月一六日）、ヨルダン川西岸にイスラエルが建設している「分離壁」を違法とする決議案（二〇〇三年一〇月一四日）、イスラム原理主義組織ハマスの精神的指導者ヤシン師殺害を非難する決議案（二〇〇四年三月二五日）に拒否権を行使している。

なお、新規の常任理事国は、安保理の将来のあり方を先取りするという意味で拒否権は持たないことが適切と考える。常任理事国の間に異なったカテゴリーが生じるのは好ましくないとの議論は理解できるが、拒否権の拡散は安保理での意思決定をさらに複雑かつ困難にするものである。また、安保理改革議論が総会で行われ、その結果が総会決議の形で行われる（総会構成国の三分の二の多数が必要）ことを考えれば、新規の常任理事国に拒否権を付与することは新たな大国主義を容認するものとして、安保理に議席を持つことが少ないかまたは殆どない多くの途上国の賛同を得にくくするものであり、安保理改革の実現が総会の段階で壁に突き当たる恐れがある。

拒否権はこれ以上の拡散を防止し、当面はその行使の範囲を最小限に限定するとともに次の段階で廃止を含めて検討する方向に向かうべきであると考える。また、拒否権に代えて将来的にはＥＵ理事会における意思決定方式である二重の基準（安保理構成国の多数と安保理構成国の人口の特定多数の双方を満たす必要性）の導入など、様々な代替案を検討することも考えられよう。

旧敵国条項

いわゆる旧敵国条項（憲章第五三条及び第一〇七条）は今日、日本やドイツ等の国連憲章上の旧敵国にとっては不必要かつ不適切な条項であるが（ただ、ドイツはこの条項を有名無実としてあまり問題視していない）、この問題だけで国連憲章を改正するのは労のみ多いということになるので、憲章の他の問題とともに一括して解決するという包括的アプローチを目指すのが合理的である。すでに一九九四年の総会決議で次回憲章改正の際に併せて改正を行うことが決議されており、実際には旧敵国条項の効力は失われたのも同然と認められる。

ただ旧敵国条項の削除に意味がなくはないのは、憲章を改正する習慣を根付かせアメリカ合衆国憲法のように、随時修正を重ねて憲章を現実に適応させるプラグマティズムを国連が経験することが国連の活性化にとってもよいことであろうと思われるからである。

国連憲章の改正を行うためのインセンティヴとして、アメリカの新国家戦略（いわゆるブッシュ・ドクトリン）において提唱されている予防的ないし先制的自衛権をどう扱うかといった問題や大量破壊兵器および人道的介入の問題等、国連憲章が当初想定していなかった問題を議論してみることも意味があると思われる。ただし、旧敵国条項に関する憲章改正はいつまでも待ち続けるわけにはいかないので、日本の国連加盟五〇周年にあたる二〇〇六年を一つの区切りとして、それまでにほかの憲章改正問題に関する議論が終了していない場合には敵国条項に関する憲章の修正だけでも単独で実現するよう働きかけるのも、憲章を改正する習慣の先駆的な例として意味を持ちうるのではなかろうか。

改革のタイミング

安保理改革のタイミングについては慎重に見計らって行う必要がある。北朝鮮やイランの問題で安保理は再び信頼性の危機に直面してはならないからである。また、米国の賛成しない安保理改革は意味をなさないし、実効性の観点からも実現は困難である。現実的には北朝鮮やイランの核開発問題に対する安保理の結束が重要であり、「壊れてなければ直す必要がない」とのボールトン氏の言葉は少なくとも当面は真実である。

二〇〇四年一二月一日に公表されたハイレベル・パネルの報告を踏まえて、二〇〇五年以降安保理改革論議が具体化してくることになる。米国内の安保理に対する批判的な見方や二期目のブッシュ政権の対応をも考慮に入れつつ周到な準備が必要と思われる。その意味で日本はじめ各国は北朝鮮やイランの核開発問題の解決に影響を与えない形で静かに、しかし着実に改革のイニシアチブをとって行く必要がある。北朝鮮とイランの問題の処理を通じて安保理の結束と実効性の問題が再びクローズアップしてくることも予想されるので、それに備えた戦略も十分に練っておくべきである。

なお、前記ハイレベル・パネルの報告は、安保理改革につきA案及びB案の二つの方法を呈示している。A案は、常任理事国として新たに拒否権なしの常任理事国六ヵ国と非常任理事国三ヵ国の合計九ヵ国を増加させる案である。B案は、常任理事国の増加はせず、再選可能な四年任期の新たなカテゴリーの非常任理事国を八ヵ国と二年任期の通常の非常任理事国一ヵ国の合計九ヵ国を増加する案である。A案、B案いずれの場合も拡大後の安保理は二四ヵ国となる。

アナン事務総長は、二〇〇五年三月にこの報告を踏まえた事務総長報告を提出する予定であるが、今後同年九月の国連総会を目指して各国の間で活発な懸引きが展開されるものとみられる。

日本はどう動くべきか

日本は過去に国際連盟を脱退し、諸外国との協調を排して第二次大戦に突入した経験がある。そのような観点から安易な国連軽視は排除すべきであるが、過度な国連重視も必要ではない。日本は国連における分担金の世界第二の負担国であり、日本が国連分担金を支払わなければ国連は麻痺する。世界第二の負担国として国連分担金の負担のあり方につき議論し、効率的な使用についてあれこれ注文をつけるのは当然のことであるが、安保理改革が進まなければ日本は国連分担金を負担しないとか、支払いを留保するといったようなことを言うべきではない（もっとも、分担金以外の任意の拠出金については日本の外交政策のプライオリティー如何によって増減のフリーハンドを残しておくことは当然である）。日本はそのようなかたちで国連を麻痺させる引き金をひいてはならないし、国際的な組織が再び日本によって機能不全に陥れられたという歴史をつくってはならない。

あたかも安保理議席を金で買うかのような印象を与えるのは百害あって一利なしであり、そのようなアプローチには途上国からの反発が大きいことを覚悟する必要がある。いずれにせよ、安保理改革問題を国連分担金という財政負担の観点からの議論に終始させてはならないと考える。日本が安保理改革を主張し続けるのは二一世紀に相応しい国連と世界秩序の形成を促すためであり、この点において日本が旗振り役をつとめる大儀と名分がある。

国連は日本の国益と威信を反映させる外交の一つの舞台であるが、実際には、国連を中心とするマルチ外交の場において日本の生死にかかわるほどの国益をかけた交渉が行われることはまれである。マルチの交渉において大事なことは、結果もさることながらそのプロセスにおいて日本の存在感を認識させることであり、アイデアや人材を提供し問題解決のための仕組みやメカニズムを作り上げていくということである。積極的に主張し、国際秩序の形成に参画していくことがその真髄であると思う。

国連は日本に都合のよいことをしてくれるように祈るところでもなければ、他国が作ったものをそのまま有難くいただくところでもない。日本のできる範囲の中で建設的な構想や国際公共財的な手段を提供し、また、時には自己主張をし、結果として日本の国益と円滑な外交に資するような合意やメカニズムができれば、日本にとっての国連の価値は十分すぎるぐらいにある。結論から言えば、日本はできるだけ外交上のフリーハンドを残しておくことが重要である。現在、世界情勢には大きな地政学的な変化が生じているのであり、国連を相対的に眺め、日本としては柔軟かつしたたかな外交を展開していくことが必要である。

創造的な「攻めの外交」のすすめ

すでに述べたように、マルチの外交においては、一国のもつアイデアや存在感を活用して一人勝ちではない自己も他人も同時に生かせるようなプラスサムな状態を作っていく、あるいはそのように見せるということが重要である。

話を安保理改革に戻せば、日本はこれまで一貫して財政的負担の大きさを有力な論拠の一つとして、それに相応しい発言の場を求めて安保理常任理事国を目指す改革を主張してきた。「代表なきところ課税なし」というスローガンのもとに安保理改革を促してきたのであるが、今後はそれだけではなく、人口と経済力という客観的な国力の物差しを背景に第二次大戦の勝者の支配する国連ではなく、勝者も敗者もいない新しい国連と世界秩序を作っていくという観点から様々な構想や人的資源を提供し、安保理常任理事国入りを主張し続けるべきである。

そのような外交は、国連の活性化のためにも常任理事国入りを目指す国がしなければならないプラスサムの外交なのである。勿論、安保理常任理事国入りを日本外交の悲願にする必要はない。安保理改革をテコに国連で堂々と日本の主張を展開すればよいのであり、創造的な「攻めの外交」をしていくことが重要である。それによって日本は得るものはあっても、失うものはない。

二〇〇五年は還暦に当たる国連生誕六〇周年であり、翌二〇〇六年は日本の国連加盟五〇周年記念であるが、この両年は日本が革新的なアイデアを提供しながら安保理改革を進め、日本の存在感を示す良い機会ともなろう。重要なのは、時代に即した新しい考え方と紛争の平和的解決のための行動であり、それを節目、節目で日本が提供しているのが国内的にも国際的にも見えることが重要である。

一時的な雰囲気にまかせて国連に背を向けて、国連を自殺に追いやってしまうことに日本は決して加担してはならない。

昨今、米国の一極支配ないし単独行動主義が問題とされ、これによって今すぐにでも国連が機能しなくなるような論調がある。確かに、米国においては今後も国連安保理が機能しないと思われる場合には、他の有志国とともに連合を組んで行動を起こすという国連離れ的傾向が出現することは排除されないが（クリントン民主党政権時代にも、当初の積極的多国間主義から後半は選択的関与という消極姿勢に転じている）、イラクの戦後処理やインド洋津波被害救済をとってもアメリカ一国ないし有志国連合でできることには限界がある。また、アメリカに関心がないことでも国連が取組まなければならないことは山積している。さらに、アメリカにおいてもいつまでもユニラテラリズムと国連軽視が続くということでもなかろう。

アメリカの国連専門家がよく言うように、アメリカと国連との関係は愛憎半ばする関係、すなわち「ラブ・アンド・ヘイト」の関係であって、これが繰り返されてきたのがこれまでのアメリカの国連外交の歴史であった。このことをわきまえて、米国内の国連感情と北朝鮮やイランの核開発問題の処理プロセスをもにらみつつ、最も効果的なタイミングでアメリカも参加することができるような安保理改革を迫っていく、そのような日本の創造的な「攻めの外交」の展開が期待される。

四 「第二次核時代」をどう生きるか

核をめぐる緊張感の欠如

冷戦時代を支配した米ソの核による対立が終わりを告げ、その後の一〇年間、人類は半世紀にわたる核による破滅の危機から解放されたかのような安堵感が漂っていた。米ソ両超大国の代理戦争が姿を消し、多発する地域紛争も核を巻き込む世界的な戦争に発展する危険性が少なく、局地的なものに止まっているためか、核兵器をめぐる国際社会の緊張感が低下してきたように思える。

一九九五年四〜五月のNPT（核不拡散条約）の延長の可否を決めるための締約国会議においても、核軍縮を求める非同盟諸国を中心とする勢力の抵抗は思ったよりも少なく、核兵器国側の外交攻勢によって切り崩され、あっさりと無期限延長が決定された。また、NPTの無期限延長後に中国とフランスが手のひらを返したように駆け込みの核実験を再開した際にも、豪州、ニュージーランド、日本及び欧州の一部の国を除き、全世界的な非難の大合唱が起きた訳ではなかった。多数を占める非同盟諸国の動きはここでも鈍かった。

このように、冷戦の終焉は米ソの核軍拡と核の高度政治利用に一応の終りを告げたが、依然として人類を過剰殺戮するのに十分すぎる核兵器の存在と途上国への核の拡散により、人類は核による破滅の危険から未だ脱却するに至っていない。二一世紀においてもまた、核の存在に対する緊張感を維持しつつ、核軍縮と不拡散に向けての国際的な努力を粘り強くかつ冷静に進めていかねばならない。

マクナマラの警告

NPTの無期限延長が決定された年（一九九五年）の八月二八日に、「軍縮問題を考えるエコノミストの会」（ECAAR）の第三回シンポジウムが東京の国連大学において開催された。ロバート・マクナマラ（Robert S. McNamara）元米国防長官やローレンス・クライン（Lawrence R. Klein）米ペンシルベニア大名誉教授（ノーベル経済学賞受賞者）他が参加して、核軍縮や国連平和維持活動等について熱のこもった議論が行われた。筆者は当時大阪大学に出向していたが、報告者として参加し、「多極化世界における核軍縮のあり方」と題して非核兵器国の立場から意見を述べた（この会議の概要については服部彰編『来世紀への軍縮と安全保障のプログラム』多賀出版、一九九六年参照）。

しかし、何と言っても圧巻であったのは、当時すでに七八才の高齢でありながら気迫をこめて核の廃絶の必要性を語るマクナマラ氏の真剣な姿勢であった。同氏の主張は、当日のシンポジウムの司会を務めた早房長治朝日新聞編集委員（当時）による解説記事（一九九五年九月五日、朝日新聞）の中で紹介されており、これが要を得て簡潔である。一言で言うならば、「人間は誤算を犯すものであり、核兵器の存在する状況下での大政策の誤算は人類を破滅に導く危険性が高い。抑止の効果は否定できないが、核の使用のリスクははるかにその効用を上回るものであるので、人類は具体的な目標の下に核廃絶へと向かうべきである。」というものである。

マクナマラはその回顧録（『マクナマラ回顧録』仲晃訳、共同通信社、一九九七年）において、ベトナム戦争についても自省をこめて自らも関与した米国の当時の政策を批判している。これを単なる理論、無責任、年寄りの反省ととらえるのは自由であるが、イラクやリビアの核開発の試み、北朝鮮の核開発問題、イランの核疑惑等途上国が核を弄ぶ「第二次核時代」に突入し、再び核兵器が場所と形を変えて国際政治の表舞台に登場しつつある二一世紀初頭の現在、マクナマラの警告をじっくりと噛み締める必要がある。

世界のどこであれ、誰によるものであれ、核の惨禍が繰り返されることだけは何としても食い止める必要がある。テロの未然防止のためとして行われる限定的な核使用がありうるとすれば悪夢であるが、核を弄ぶ国もまた核で抑止し、封じ込めようとする国も核の使用が人類にもたらす最悪の事態を避けることを絶対的な目標とする新たな哲学と道徳が必要な時代になっていることだけは確かである。長崎をもって人類最後の核の惨禍の地としなければならない。そのことがまさに北朝鮮とイランで試されているのである。

核をもてあそぶ時代

広島・長崎の惨禍、チェルノブィリやスリーマイル島の原発事故の恐怖、一九八〇年代後半の米ソの中距離核ミサイルの欧州配備を契機として燎原の火のごとく起こった「ユーロシマ（Euroshima）」

の反核運動（「人間の鎖」）のような冷戦時代の人類の核への恐怖感と緊張感は、昨今の国際政治の舞台から遠ざかってしまったかのようである。

米国やソ連（当時）が恐れた途上地域への核の拡散は、核不拡散条約（ＮＰＴ）の存在にもかかわらず、これに加盟しない体制外のインド、パキスタン両国の一九九八年五月の核実験により決定的となった。そればかりか、ＮＰＴ体制内においてもイラク、リビア、北朝鮮、イラン等の非核兵器国が地域覇権の確立、体制維持、外部からの攻撃の抑止等、様々な理由に基づき外交上の手段として挑発的に核を弄ぶ等、核の拡散は危険水域に達している。

米ソの核競争による第一次核時代が終わりを告げ、途上地域のいくつかの国に核が拡散してしまった冷戦後の現在を米国イエール大学のブラッケン（Paul Bracken）教授は「第二次核時代（Second Nuclear Age）」と呼んでいる（"The Structure of the Second Nuclear Age" *Orbis*, Summer 2003, Vol. 47, No. 3）。ブラッケンは、インド、パキスタンそして北朝鮮の核保有により核不拡散理論は破綻し、国際政治に構造的な変化が起きつつあるとし、そのため米国はイラクを強引に武装解除させ積極的な本土防衛体制を構築し、核の封じ込めよりも廃棄させることを目指す独断的外交姿勢を押し進めていこうとしていると見る。そして、現在の「第二次核時代」はＭＡＤ（相互確証破壊）理論に基づく究極的な抑止力により核の使用が事実上封じ込められていた第一次核時代に比べ、より危険な時代に突入しているということである。

具体的にいえば、「第二次核時代」においては核兵器が実際に使われるかもしれないという蓋然性が高くなっているということである。その理由の最たるものは、ＮＡＴＯ（北大西洋条約機構）のリューレ（Michael Rühle）企画部長によれば、これまでとは異なった政治的、文化的な文脈における核拡散が生じているからであり、対立の根の深い歴史において攻撃的なナショナリズムと閉鎖的な政治システムが誤算を生みやすい政治・心理環境を作り出していることによるとされている（二〇〇四年二月六日のフランクフルター・アルゲマイネ紙に掲載された同氏の"Das zweite Kernwaffenzeitalter"と題する論文）。

核兵器国の戦略の変化

このような途上国が核を弄ぶ「第二次核時代」の危険に対処するため、核兵器国は一〇年間のポスト冷戦の安定期を経て昨今、急速にその戦略を変化させている。米国については、すでに二〇〇二年九月二〇日の新国家安全保障戦略（The National Security Strategy of the United States）において、テロリストやテロ支援国家による大量破壊兵器（ＷＭＤ）を用いた攻撃の脅威に対処するために、「必要とあらば米国は先制的に行動する（The United States will, if necessary, act preemptively.）」と宣言していることは周知のとおりである。二〇〇三年三月のイラク戦争では、この戦略に基づいて事実上の先制的自衛行動がとられた。

第一次核時代においては、抑止はするが行動しないこと（不作為）により恐怖の均衡による秩序維持が行われてきたが、ＷＭＤが拡散しつつある「第二次核時代」においては「行動すること」が戦略のキーワードになっている。不拡散戦略も同様であり、二〇〇二年一二月一一日に発表された米政府の「大量破壊兵器と闘う国家戦略（National Strategy to Combat Weapons of Mass Destruction）」においては、拡散対抗（Counterproliferation）という考え方が提唱されており、具体的には阻止（interdiction）、抑止（deterrence）、防衛と緩和（defense and mitigation）の三つの措置が用意されるなど、プロアクティヴ（事前対処的）に行動する戦略が採用されている。

ブッシュ大統領が日本を含む一〇数ヵ国を念頭に、二〇〇三年五月三一日にポーランドのクラコフで発表した「拡散に対する安全保障構想」（ＰＳＩ）もその具体化の一つであり、実際に同年九月一二日から一四日にかけてオーストラリア沖で日本の海上保安庁の艦船（巡視船「しきしま」）も参加した海上阻止訓練となって結実している。同様の合同訓練は二〇〇四年一〇月二六日、日本政府の主催で東京湾沖合でも行われている。

このような戦略の変化はロシアについても見られる。二〇〇三年一〇月二日にロシア国防省が公表した「ロシア軍近代化の指針」と題する新軍事ドクトリンは、抑止としての核保有から限定的に使用できる核へと開発が進むことを示唆しており、米国に対応した先制攻撃と核の限定的な使用の姿勢を明確にしている（二〇〇三年一〇月三日サンケイ・ウェヴニュース）。また、米国の先制攻撃でロシアの国家指導部が全滅した場合、残存する核ミサイルを米国に向けて発射する旧ソ連の核報復システム「死の手」が現在でも稼動中であることが、ロシア軍部筋の証言で判明したことも報じられている（二〇〇三年一一月二日、読売オンライン・ニュース）。

これは米国とロシアが戦略パートナーとなった現在でも、全面核戦争のシナリオが依然として放棄されていないことを示すものである。テロリストやテロ支援国家だけでなく、核兵器国相互の核による限定的な攻撃の可能性もなお存在しており、「第二次核時代」は米国の想定するプロアクティヴな不拡散対応だけでは済みそうもない、厄介な時代に入ったのは事実である。

NPT条約無期限延長のもつ意味

一九九五年のNPTの無期限延長は無条件延長ではなく、延長会議で合意した「核不拡散と核軍縮の原則と目標」が守られなければならない。しかしながら、その「原則と目標」によって核軍縮が大きく進展するかと言えば、それも必ずしも期待できない。ともあれ、核軍縮と核拡散を防止する義務は各国とも無期限に負っているのであるから、これにより核の拡散を防止しつつ、同時に核兵器国による核兵器削減のための国際合意の更なる締結を求め、核軍縮を進めなければならない。NPT第六条はそのような努力を核兵器国に促す政治的な道具にはなり得るが、実際に核軍縮を義務付ける法的手段としては弱い。

このNPTの無期限延長決定プロセスを通じて言えることは、ブロック対立とイデオロギー対立の終焉により、非同盟諸国がこれまでのグローバルな核軍縮を求める道義的な外交スタンスから自国の経済開発を優先するプラグマティックな国益優先主義に変わったということである。非同盟諸国にとっては、差し当たっての脅威と関心は隣国の軍備増強（核武装を含む）である。

このような観点からすれば、非同盟諸国に代わって今後グローバルな核軍縮を求める推進力になり得るのは、日本、ドイツ、北欧諸国、カナダ、豪州等の潜在的な能力は持ちつつも、核やミサイル開発の意図を放棄して自制している先進国および冷戦終焉後、核保有国となることを放棄してNPT上の非核兵器国の道を選択した南アフリカ、ウクライナ、ブラジル、アルゼンチン等の中進国と考えられる。これらの国々が中核となって、現実的な観点から粘り強く核軍縮を促していかなければならない。特に、日本は唯一の被爆国として核軍縮を促す道義的な責任と資格があり、また現実的な観点からは、ロシアを含む核兵器国の核廃棄を資金的、技術的に支援できる数少ない国という意味でも大きな役割を果たすことが期待されている。

核抑止再考

冷戦とはイデオロギー対立に加え、核兵器の存在と核の抑止力を前提とする二極対立のパワーポリティクスであったが、二極構造の解消と当面の米国一極化そして今後の多極化への展望に伴い、核兵器と核抑止力についても再検討が迫られている。

戦後六〇年間、幸運にも大国間の大戦争は回避されてきた。これについては、核兵器の存在が戦争そのものの生起を抑止するものとして一定の役割を果たしてきたことによるのか否かは、意見の分かれるところである。それはともかく、米国・ロシア間、中国・ロシア間で原則として相互に核の照準をはずしていると言われる現在、核大国間の敵対的な核抑止は意味を減じつつあるのではないだろうか。そうだとすれば、ポスト冷戦の核抑止は何のために存在しているのであろうか。

第一に考えられるのは、安全弁としての核抑止力である。これは、二〇一二年までの一〇年間で米露の核弾頭をそれぞれ約三分の一に削減するモスクワ条約が二〇〇三年六月に発効したが、それでもなお一七〇〇―二二〇〇発存在する米露両国の核弾頭の万が一の使用を防ぐ（抑止する）ためのものである。

第二に考えられるのは、すでに途上地域に拡散している核兵器や生物・化学兵器等の大量破壊兵器に対する抑止力としての存在意義である。

第三に考えられるのは、特にフランス、中国、インドに見られるように「大国」として外交上のフリーハンドを確保したいとする政治的な抑止力である。

第一の抑止力の存在意義は、核が究極的に廃絶されるまである程度必要悪としてその存在を認めざるを得ないが、第二、第三の核抑止力の意味は厳しく問い直されなくてはならない。途上国に拡散した核に対する抑止力としての核の存在については、極めて小規模のもので十分であろうし、また、そもそも合理的なリスク計算のできない閉鎖的な独裁国家やテロリストに対しては、核抑止力は効果をもたないとみられている。これは前述のとおり、核拡散を進める途上国に対し、米国がすでに抑止から拡散対抗ないし拡散拒否（ディナイアル）に戦略を転換していることからも明らかである。そのような場合には、精密誘導兵器やいわゆるTMD（戦域ミサイル防衛）等の高度な通常兵器システムによって、このような途上地域の大量破壊兵器に対する非核の抑止力を選択することが考えられる。第三の政治的なフリーハンドないし大国の証しとしての抑止力については、イラクや北朝鮮に加え、新たな冒険主義の独裁国家による核保有を促進することにつながる意味のない抑止論である。

したがって、今後核抑止に関して何等かの存在意義を認めるとすれば、核大国の万が一の核使用とテロリストや独裁国による冒険主義的な核の保有・使用を封じ込めるための最小限の核抑止力である。換言すれば、いかなる形であれ核が二度と使用されることのないことを確保するための「安全弁的核抑止力（safeguard deterrence）」のみであろう。その意味で、これまでの抑止力の考え方は再考を求められている。

世界の一八九ヵ国が加盟する（国連加盟国でNPTを締結していないのは、インド、パキスタン、イスラエルのみ）普遍的なNPTの存在にも拘らず、核兵器が途上地域にある程度拡散している現状では、何よりもまず核の実際の使用をいかに防止するかに重点が置かれる必要がある。そのためには、核兵器国による共同の対処（例えば、安保理常任理事国五ヵ国の核抑止力の集団的な発揮—collective deterrence）や「核兵器信託管理制度（Nuclear Weapons Trusteeship）」と呼ばれる五核兵器国による核の安全と不拡散のための共同責任体制の構築、非核兵器国に対する積極的・消極的安全保障の強化（現在、核兵器国がコミットしている政治的な安全保障を法的な安全保障にまで高めることも含む）等の既存の様々なアイデアの再検討が必要となる。

また、すでに非核地帯が存在する中南米、南太平洋、東南アジアやアフリカに続き今後、中東、北東アジアあるいはバルト海沿岸等においても非核地帯構想を実現するための努力が強化される必要がある。これらに加え、前述のブラッケン・イエール大学教授は、核兵器国による核の先行不使用（no first-use）宣言と奇襲攻撃禁止条約の作成ならびにミサイル防衛の活用等の新たな軍備管理プロセスの導入を提唱しているが、ここではその詳細に立ち入る余裕はない（Paul Bracken, "Rethinking (Again) Arms Control," *Orbis*, 2004 Vol. 48 / No. 1)。

「仮想核装備」という考え方

核兵器技術がかくも世界中に拡散している現状を踏まえれば、核兵器の廃棄はともかく、核兵器製造能力を完全に地球上から廃絶してしまうのは事実上不可能であろう。また、核兵器の大幅な削減も早期に実現しそうもない。そこで、軍縮という既成概念を脱却して、実戦装備（assembled）され、使用可能な状況に置かれた核兵器の存在は禁止し、使用困難な状況に置くが、一旦緩急ある場合には一定期間内に使用可能な状況に戻し得る知識と技術と材料は残存させておくという考え方がある。実戦配備の核兵器がない代わりに再組立てが可能なものということで「仮想核装備（virtual nuclear arsenals)」と呼ばれる。この構想のメリットは戦争や危機における核使用のリスクを減らし、核の偶発的な発射やテロリスト集団等による使用の危険性をほぼゼロに近づけることにより、特にロシアにおいて懸念されている核管理のずさんさに釘を差そうというものである。

同時にこの仮想核装備構想は、核兵器による威嚇効果を減らし、国際政治における核の役割を裏舞台に押し戻す狙いもある。ただし、このような構想に既存の核兵器国が応じるか、検証制度は機能するかといった問題点も指摘されている。このような構想は、かつてシェル（Jonathan Schell）が唱えた「兵器のない抑止（weaponless deterrence）」の考え方に近い（Michael Mazarr "Virtual Nuclear arsenals," Survival vol. 37, No. 3, Autumn 1995, pp. 7-26）。人類が核兵器というパンドラの箱をあけてしまった以上、核兵器を廃絶しても核の知識と技術は根絶できないのであるから、この仮想核装備構想は核廃絶に代わる現実的な選択肢を提供してくれるかも知れない。

核軍縮に向けての国連と日本の役割

(1)　国連の役割

核の拡散は国際の平和と安全にかかわる重大な問題であり、国連を中心とするマルチラテラルな取組みを必要としている。しかしながら、国連憲章には核軍縮を含む軍縮、軍備管理に関する規定が乏しく、国連自身の対応もこれまで必ずしも十分に行われてきていない。

国連憲章においては軍縮に関する規定は第一一条、第二六条及び第四七条の三箇所あり、総会および安保理ならびに安保理の下での軍事参謀委員会の権限の問題として規定されている。ところが、安保理においてはこの規定にも拘らず、核軍縮はもとより軍縮問題につき審議したり一定の行動がとれたりしたことは稀であり、この規定ですら十分に活用されていない。安保理における数少ない例としては、湾岸戦争後のイラクの大量破壊兵器の廃棄に関する特別委員会（UNSCOM）の設置およびＮＰＴの無期限延長に伴う非核兵器国に対する積極的及び消極的安全保障の提供についての決定（安保理決議九八四）ならびに最近の例として、大量破壊兵器の不拡散に関し加盟国に厳格な輸出管理その他の国内措置を求める安保理決議一五四〇（二〇〇四年四月二八日）が挙げられる程度である。

本来、安保理は軍備規制の計画を策定し（第二六条）、また軍事参謀委員会は安保理に助言と援助を行うことになっているが（第四七条）、この権限は殆ど行使されていない。現在、安保理改革が問題になっているが、その改革の方向はメンバーの拡大にとどまらず軍縮面や大量破壊兵器の不拡散に関する安保理の機能を強化し、これを発揮させることにも求められなければならない。特に核兵器国である安保理常任理事国（Ｐ５）の責任は重大である。米国の国家安全保障戦略が打ち出している大量破壊兵器を取得、使用しようとするテロリスト、テロ支援国家への先制的（予防的）な自衛の問題や核兵器の限定的な使用の問題等を議論し答えを見出すべきである。

核不拡散に限定した議論や決議だけでも不十分である。核廃絶にいたる道筋と前述のテロ集団やテロ支援国家等に対する「集団的な核抑止」や「核兵器信託管理制度」の構築等を目指して具体的なプランを安保理自らが描く必要がある。中・長期的な核軍縮のプランについては、これまでにも様々な意見が表明されている。例えば、長らく国連の軍縮局長を務めたウィリアム・エプシュタイン（William Epstein）氏は実現可能性はともかく、二〇一〇年までに五核兵器国の核弾頭数を一〇〇にまで削減し、二〇二〇年までに核兵器を撤廃（ただし、安全保障措置として数発の核兵器を安保理に移管）することを提唱している（一九九五年七月一八日、朝日新聞大阪版）。

当然のことながら、日本は非核兵器国として核軍縮および不拡散に向けての自らの役割をいっそう世界に知らしめ、同時にNPT無期限延長の際の核兵器国による約束の履行を促すとともに、安保理改革と自らの常任理事国化の動機のひとつとして核戦争のない世界の実現に向けての目標と行動計画を掲げるべきであろう。

(2)　日本の役割

日本はこれまで、唯一の被爆国の立場から核軍縮を求め続けてきた。日本政府が一九九四年から一〇年間、一貫して核廃絶のための国連総会決議案を提出し続けてきたのもこのような道義性と非核兵器国としての道を選択した日本の責任の発露である（この決議案は、当初は、「究極的核廃絶決議案」と称していたが、二〇〇〇年以降は「核兵器の全面的廃絶への道程」と改称）。日本のこのような道義上の立場は今後も基本的には変わらないし、変わってはならない。むしろ今後ますます風化していくことが懸念される原爆の非人道性と残虐性に対する認識を記憶し、世界に訴え続けていく国際的な責任を有している。

しかしながら、被害者の立場からの軍縮論議だけでは核軍縮は進まない。また、米国の責任を厳しく問う反米主義的な原水爆禁止運動も普遍的な力を持ち得ない。自ら起こした戦争を省察し、非核兵器国、武器を輸出しない国としての戦後の厳しい自己抑制、国際社会の平和と安定に責任ある国としてのノブレス・オブリージュに基づく核軍縮論議でなくては現実的な説得力を持ち得ない。その意味で日本の軍縮外交が自信を持って更なる重要なステップを踏むことを期待したい。特に、当面二〇〇五年からの日本の非常任理事国への選出を契機に、安保理常任理事国であるすべての核兵器国に対し、NPT無期限延長の際の核軍縮推進を含む「原則と目標」の約束履行を二〇〇五年五月のNPT運用検討会議の際に想起させ、その実現を確保することが課題であろう。

日本は、安保理に対して核兵器を含む大量破壊兵器に関する軍縮、不拡散（拡散対抗）のための行動を促し、自らもその実現に向けての様々なアイデアや検証手段の提供、資金面での協力、政治的環境の醸成に努めなければならない。

具体的には、一九九六年に採択された包括的核実験禁止条約（CTBT）の早期発効及び核兵器用核分裂性物質生産禁止（カット・オフ）条約（FMCT）の交渉開始が当面の緊急課題である。その後、核兵器の透明性と先行不使用の問題に取組み、ロシアの核弾頭廃棄能力向上への協力を行いつつ、米、露両国の更なる核軍縮を促し、両国の保有核弾頭数が一、〇〇〇以下となった段階で他の核兵器国を加えたマルチの核軍縮交渉を開始するシナリオが考えられる。

これの実現は、極めて楽観的なシナリオでも二一世紀の中頃までかかる。核軍縮プロセスは息の長いものであり、冷静かつ不断の努力が必要である。核兵器が存在している限り人類は常に破滅への道と同居しているとの厳しい認識を持ちつつ、あくまで現実的かつ実行可能な観点から軍縮をとらえるとともに、その推進にあたりモラルと情熱を失わない積極果敢な軍縮外交の展開が望まれる。

核兵器を含む軍縮・不拡散問題を国際政治と国際法の視点から更に深く考察するには、次の文献が参考となる。

黒澤満『軍縮国際法』信山社、二〇〇三年
黒澤満「21世紀の軍縮と国際安全保証の課題」『大量破壊兵器の軍縮論』信山社、二〇〇四年
浅田正彦編『兵器の拡散防止と輸出管理』有信堂高文社、二〇〇四年
納屋正嗣・梅本哲也編『大量破壊兵器不拡散の国際政治学』有信堂高文社、二〇〇〇年
梅本哲也『核兵器と国際政治一九四五―一九九五』日本国際問題研究所、一九九六年

第三章　文明への挑戦

一　見えざる敵――テロとの戦い

アメリカがガリバーになった日

二〇〇一年九月一一日は、米国の安全保障観を根本から転換させ、米国というスーパ・パワー（超大国）を真の意味でのハイパーパワー（極超大国）に変革させる直接のきっかけとなった。米国はこの日から小人の国におけるガリバーとなり、テロとの戦争に単身乗り出した。

そもそもテロは、非正規的な方法で行われる恐怖的手段を伴う政治的、信条的暴力であり、特定または不特定の対象を抹殺する手段を選ばない行為であると一般的に観念されている。暗殺、計略、ゲリラ等は古代ギリシャやローマの昔から常に存在してきたといわれている。テロを犯罪ととらえるか戦争ととらえるかについては、様々な考え方がある。近代国民国家成立以降、国際社会は主権概念の下でテロを国家と反国家の関係において捉えてきた。統治の手段として国家が恐怖を用いることは古今東西存在した（その典型が中世ルーマニアのワラキア公国におけるブラド・ツェペシュ、すなわちドラキュラ伝説のもととなった「串刺し公」の例である）。フランス革命当時のロベスピエールによる恐怖政治もその例である。

しかしながら、近代に至ってはそのような恐怖という手法による上から下へのテロではなく、下から上への非国家組織による反権力、反体制的な暴力的破壊活動を指してテロと観念されるようになってきた。このようなテロは枚挙にいとまがないが、近代および現代のテロリズムは国内治安上の問題として犯罪者に対すると同様、警察的手段により対処されてきた。一九八八年一二月二一日のイギリス・ロカビー上空におけるパンナム機墜落事件にしても、一九九五年五月二〇日の日本におけるオウム真理教による地下鉄サリン事件にしても、また、一九九三年四月一九日の米国オクラホマシティの政府ビル爆破事件にしても然りである。

国際社会においては、一九三七年の「テロリズムの防止及び処罰に関する条約」をはじめ、ハイジャック等に関するものを含め今日まで一三の条約が採択されている。毎年開催されるＧ８の主要国首脳会議における政治声明などにおいても、テロは国境を越える問題（トランスナショナル・イシュー）として取り扱われているが、もっぱら各国の司法、内務、警察当局による協力を主眼とする主権国家間の犯罪防止協力の対象として考えられてきた。

もちろんテロを戦争と捉え、戦闘的手段により防圧しようとする動きがなかったわけではない。イスラエルによるパレスチナ過激派への対応は戦争以外の何物でもないし、ロシアのチェチェンに対する対応も軍隊を動員しての戦闘行為である。しかし、これらの戦闘行動は特定の地域に限定されており、一国が主権を行使しうる地域における対処であった。

ところが、米国の政治と経済の中枢を直撃した九・一一テロ事件以降、米国はもはやテロを単なる犯罪行為とはみなさず、米国に対してなされた宣戦布告であり、国家の安全保障に重大な脅威を与える「戦争行為」とみなした。その上でテロ攻撃に関して責任があると認められる国家、組織、個人やこれらの組織と個人をかくまう者に対して、必要かつ適切な武力を行使する権限を大統領に付与した（二〇〇一年九月一八日の米上下両院合同決議）。九・一一テロ攻撃は、米国が国際テロに対する戦争を単独でも戦い抜くとの宣戦布告を行うきっかけを作ったとされる。冷戦を第三次世界大戦とするなら、テロとの戦いは米国にとっては第四次世界大戦であると表現する向きもあるほど、米国の国家安全保障観と世界観ならびに国際法に対する見方に劇的な変化をもたらしたのである。

アメリカがガリバーになった日はその他の国が「小人」になった日であり、「テロリストにつくか、米国につくか」と迫られ（テロリストにつくと公言する国はないであろうから）、米国によって「悪の枢軸」に指定されたイラク、イラン、北朝鮮を除く多くの国がバンドワゴン（日和見）現象で、好むと好まざるにかかわらず米国とともにテロへの戦いに「参戦」をした日でもあった。

米国がこの先いつ終わるとも知れない見えない敵＝テロとの戦いを続けていくことは、古代ローマ帝国が周辺の蛮族の侵入によって帝国の秩序が侵食され、伸び切った安全保障メカニズムが徐々に崩壊していったいわゆる「帝国のオーバーストレッチ現象」の始まりと見る見方もある。この戦いの規模と期間いかんによっては米国の力の消耗が加速され、一極支配的「パックス・アメリカーナ」が多極的秩序に取って代わられる日が案外早く来るかもしれない。

前述のバンドワゴニング現象の中で、米国の対テロ戦争を支持している国々の思惑にも様々なものがある。特に、国内に反政府勢力を抱え対応に苦慮しているロシアと中国がこれを奇貨とし、これらの反政府勢力との戦いに国際的な認知が得られたとして、正当性を強く主張してくる可能性がある。その意味で、「国際的な対テロ戦争が国内的な抑圧の国際的連携となるのを避けられない。これは、新しい国際的な政治的断層線を浮かび上がらせるだけではなく、単なる犯罪と正当な強制力の区別を一層あいまいにしよう」との一橋大学の納屋正嗣教授の指摘（「大規模テロと国際政治」『国際問題』日本国際問題研究所、二〇〇二年四月、六三頁）は傾聴に値する。

反テロということでは団結している現在の国際的連帯が、正当なテロ戦争と正当でないテロ戦争というレジティマシー（正統性）の問題で分裂する可能性がないわけではない。特に、人権弾圧、人道問題という観点から、ロシアや中国の反政府勢力への治安行動に対して異議を唱えていた欧州勢がこの先どういう反応をするのかが鍵となる。テロ防圧という名目の下に、これらの大国の反政府勢力との戦いが今後とも領域内で堂々と行われることになれば、国際社会はどのように対処すればよいのか。九・一一の投げかける問題は、米国の安全保障観の変化だけにとどまらない深奥な意味を持っている。

その一方で、大量破壊兵器を用いたテロリスト集団によるテロ攻撃の危険性は可能性の問題以上に現実の問題となってきている。アルカイダのウサマ・ビンラディンもかつて「核兵器の獲得は宗教的義務である」と宣言したことがあるが、チェチェンの反政府グループもロシアのどこかで核を使った都市破壊を行うかもしれないといわれている。これらのことを現実のものにしないためにも、最も危険な核兵器や核物質を盗んだり不法に購入したりする可能性を核兵器国が中心となって阻止する必要がある。特に、核の流出の危険性の高いロシアを含め、核兵器国がより効果的に核テロの封じ込めを行うための有志国連合を形成することは、最も現実的な核テロ防止手段であると思われる。

新しい戦争か

九・一一の無差別同時多発テロは、国際法的に見ても政治的に見ても本来「戦争」と観念されるものではなく、その資格のないものである。しかしながら、ブッシュ大統領はこのテロ行為を「二一世紀最初の戦争」ないし「新しい戦争」と位置付けて、首謀者とみられるビンラディンとそのグループ(アルカイダ)ならびにこれらを匿う国として、タリバーンの支配するアフガニスタンへの軍事作戦を展開した。

ブッシュ大統領は、二〇〇一年九月二〇日、上下両院合同会議で行った演説で次のように述べている。「米国人は戦争というものを知っていた。だが、過去一三六年にわたり一九四一年のある日曜日以外は、戦争は外国の地でのものであった。……平和な朝の大都市の中心部に向けられたものではなかった。九月一一日、自由に対する敵が我々に対し戦争行為を行った。」

一九四一年のある日曜日とは日本による真珠湾攻撃を意味するものであり、日本人としては複雑な気持ちであるが、「一日にして世界は変わった」とブッシュ大統領が述べているように、ニューヨークとワシントンという米国の経済と政治の中枢部に対するテロ攻撃であり、単なる犯罪行為では決してあり得なかったのである。ニューヨークの貿易センタービル及びワシントンの国防省という米国のパワーのシンボルに対する攻撃は、心理的には真珠湾以上の奇襲攻撃であったと思われる。

通常、戦争は国家と国家との間で行われるものであり、伝統的な国際法も国家間の主権の発動として戦争をとらえ、様々な規制を加えるとともに、今日では自衛の場合と国連による集団安全保障の措置としての武力行使を除き、戦争を一般的に禁止している。戦争が発生した場合に諸国家が従うルールをユス・イン・ベロ（*jus in bello*）と呼び、戦争に訴えてよいか否かに関するルールをユス・アド・ベルム（*jus ad bellum*）と呼ぶ。一九二八年の不戦条約以降、後者を厳しく制限することにより戦争の違法化の努力が営々と営まれてきている。

その一方で、第二次世界大戦後の世界各地で生じた植民地解放戦争やゲリラ戦をはじめとする内乱においては、国家以外の叛徒団体や民兵・義勇兵等の不正規兵と国家が戦闘を行い、そこに第三国が介入することも少なくなかった。ベトナム戦争における米国とベトコン（ベトナム民族解放戦線）、アフガニスタンにおけるソ連とムジャヒディーンの関係等、国家対非国家組織（「交戦団体」として承認されるものも、されないものもある）との戦闘（国際的性質を有しない武力紛争）においても戦争が発生した場合のルール（ユス・イン・ベロ）を適用し、捕虜の待遇等に関して国際人道法を適用しようとの試みがジュネーブ諸条約によって行われてきた。このように、国際法上戦争とよばれるものは、主権国家間のもの及び主権国家と国内の反政府組織（交戦団体やゲリラ組織等）との間の武力紛争を主たる対象としてきたのであり、テロ組織との戦争は国際法の関与するものではなかった。

初のＮＡＴＯ条約第五条の発動

この米国の「新しい戦争」はNATOの同盟国にとっても晴天の霹靂であった。周知のとおり、一九四九年に発足したNATO（北大西洋条約機構）は、ソ連・東欧諸国から成るワルシャワ条約機構の侵略に備え攻撃が行われた場合には共同で防衛することを約束し合った集団的自衛権に基づく集団防衛組織である。一九八九年にベルリンの壁が崩壊し、東西冷戦が終了するまでの四〇年間、NATOは一度も集団的自衛権を発動することがなかったが、九・一一のテロ事件に際し、NATO史上初めて同条約第五条に規定する集団的自衛権の発動に合意するという画期的な事態に発展した。

NATOは、テロ攻撃のあった翌日の九月一二日に北大西洋理事会の会合を開催し、今回のテロ攻撃が米国に対して国外からなされたものであることが確定されれば、NATO条約第五条が対象としている行為と見なして必要とされる支援を米国に対して行うことができることで一致した。その際のポイントは、もし（if）攻撃が国外から行われたものである場合にはという「if」をどのようにして外すかであった。一〇月二日に開催されたNATOの北大西洋理事会においては、米国務省のテロ対策調整担当のフランク・テイラー大使より、ウサマ・ビンラディンやアルカイダが九月一一日のテロ攻撃やそれ以前のテロ活動にどのように関わってきたか、また、アルカイダとタリバーン政権との繋がりに関する捜査活動について報告が行われた。これを受けて、NATOは前述の「if」がとれたとして、九月一一日の米国に対する攻撃が国外からなされたものであることを決定し、NATO史上初めて条約第五条の発動が決定されたというのがその経緯である。

かくして条約第五条は発動されたが、NATO加盟国がこれに対して具体的にどのような支援を行うかについては、各国の自主的な判断に委ねられた。これに対する各国の対応は様々であった。武力行使を伴う集団的自衛権を発動する英国に始まり、将来その用意があるとするフランス、武力行使とは言えないAWACS（空中早期警戒管制システム）による警戒任務に要員を派遣したドイツやその他のNATO加盟国というように、第五条に基づく協力の内容は多岐にわたった。NATOは、これらのすべての措置が集団的自衛権に基づく措置であるとは説明していない。NATOとしては、米国へのテロ攻撃を同盟国に対する「外からの武力攻撃」であると認定はしたものの、この事態を「戦争」とまで認めたわけではなかった。

この点は、テロ直後の九月一八、一九日のシラク・フランス大統領のワシントン訪問の際に、ブッシュ大統領と共同で行った記者会見におけるシラク大統領の発言に如実にあらわれている。シラク大統領は、ブッシュ大統領が「新しい戦争」と表現したのに対しそのような表現は使わずに、「今日絶対的な悪であるテロリズムを根絶し得るあらゆる行動をとる」と述べており、「新しい戦争」と呼ぶことには慎重な姿勢が見られた。この点に米欧の安全保障認識の相違、すなわちカント的ヨーロッパとホッブズ的アメリカを分かつ地政学的断層線の萌芽がすでに現れていたと見ることもできる。

テロが生んだ米国の新戦略

二〇〇二年九月二〇日、ブッシュ大統領によりポスト冷戦の「新しい戦争」の考えが依拠する根本戦略が発表された。国家安全保障会議（NSC）が作成した国家安全保障戦略（National Security

Strategy)、通称「ブッシュ・ドクトリン」と呼ばれるものがそれである。ソ連の封じ込めを提唱し、冷戦の根本戦略となったジョージ・ケナン（George F. Kennan）の「X（エックス）氏論文」にも匹敵する米国の戦略の転換であった。ページ数にして二〇数ページのコンパクトなものであるが、空疎な表現はなく、多くの戦略思想そして具体的な行動プログラムが記されている、ブッシュ政権の戦略バイブルである。国際政治の文献としても一読に値する論文である。

この新たな戦略を理解するに際しては、そこに書かれていることと書かれていない隠された意図の双方を読み取る必要がある。書かれている顕在的な戦略の最たるものは、第一に、国家であれ非国家主体であれ大量破壊兵器を使用する世界的なテロを撲滅するためには先制的に自衛権を行使するとして、従来の国際法の見直しを迫っていることである。そして第二に、テロが生まれる土壌を阻止するために、自由と民主主義を世界に広め、自由市場メカニズムを普及し、貧困を削減する戦略を打ち出している。これは米国流グローバリゼーションの普遍化を目指すものと見てよかろう。第三に、米国は思想戦を戦うことを宣言し、テロを奴隷制度や海賊行為あるいはジェノサイド（大量殺戮）と同様に国際法の強行法規（*jus cogens* ユス・コーゲンス）に違反しているとみなしていることである。第四に、米国は唯一の超大国としてヘゲモニーを確立するとともに、挑戦者が現れないように軍事力を最強に保ち、ヘゲモニー競争を許さないとする米国の一極支配（覇権安定）の到来を宣言していることである。

この戦略の発表から半年もたたないうちに先制的自衛の行動がイラクに対してとられ、また市場主義と自由貿易原則を貫徹するために中東地域における自由貿易地域の創設が検討されるなど、ブッシュ・ドクトリンが画に描いた餅ではないことが明確に示されたことはこの戦略に迫真のリアリティーを付与している。また、この戦略報告書は、中国に対するメッセージとしてエイズのような国境を越えるボーダーレスの脅威に真剣に取組み、情報開示を含む人権の強化（人間の安全保障の尊重といってもよい）を求めている。その後、中国発で世界に蔓延した急性肺炎（ＳＡＲＳ）ウィルスの脅威が中国の国家としてのガヴァナンスのあり方に疑問を投げかけたことと奇妙に符合しており、これもブッシュ・ドクトリンのリアリティーを高める要因となった。

他方で、書かれていない隠された意図の中で最大のメッセージとして、中東地域を民主化し、中東全体を変革して近代世界に仲間入りさせることであるとするイエール大学のギャディス（John Lewis Gaddis）教授の指摘（"A Grand Strategy of Transformation : Bush's Security Strategy," *Foreign Policy*, November / December 2002, pp. 50-57）は、この戦略の本心を言い当てているものと思われる。ちなみに、この潜在的な意図は、その後二〇〇四年六月九日のＧ８シーアイランド・サミット（米国）で発表された「拡大中東・北アフリカパートナーシップ構想」となって結実している。

残るもう一つの隠された意図は、米国の一極支配が今後相当長期間続くであろうとする「帝国的秩序」確立への強い意思表示であり、そこにはネオ・コン的単独行動の思想が強く看取されるところである。米国が帝国か否かについてはすでに前章で述べたように様々な見方があり、筆者としては米国を帝国と呼ぶことに違和感があることはすでに述べたとおりである。

ところで、ギャディス教授も指摘しているとおり、ブッシュ政権は外交を上手に使いこなしておらず、孤立主義に立ち向かうための国内努力もさほど行ってこなかった点は懸念される要素である。これが杞憂でなかったことは、イラク戦争後の同国情勢の混迷により米国の外交が国際協調路線へと軌道修正を余儀なくされたことに示されているとおりである。ブッシュ・ドクトリンと米国の内政とのシナジー（結合による相乗効果）をうまく調整することが今後の課題であろう。なお、二一世紀の米国の基本戦略を示すこの報告に国連に関する言及が全くといってよいほど存在しないことも気掛かりであるが、このことが米国の国連軽視を意味しているか否かは今後のイラク情勢等をにらみつつ注視していく必要がある。

先制的自衛の問題

先制的自衛については根本的な問題点を指摘しておきたい。ブッシュ・ドクトリンが問題提起しているのは、先制的自衛が合法か否かを既存の国際法の解釈の問題として論じるのではなく、テロリストないしテロ支援国家に対する対応として、新しい国際法を創造すべきではないのかということだと思われる。

勿論、伝統的な自衛権の概念からすれば議論すべき様々な論点がある。たとえば、テロリストという非国家主体に対してそもそも自衛権が発動できるかという問題や、国連憲章第五一条にも規定されている通り、「武力攻撃があった場合」という字句にこだわれば武力攻撃のない段階での自衛（先制的自衛）を行うことは合法か、テロによる攻撃は自衛権の発動対象たる武力攻撃ではないのでそのような法益侵害を排除するための根拠は何か（「マイナー自衛権」の概念で説明できるか否かの問題）等多岐にわたる問題点があるのは事実である。

先制的自衛は、通例英語では anticipatory self-defense（予見した自衛とでも言うべきか）と呼ばれてきたが、ブッシュ・ドクトリンでは一ヵ所 anticipatory action（予見的行動）となっているほかは、全般的には preemptive action（先制行動）ないし preemption（先制）という用語が使用されている。それはともかくとして、従来の国際法の解釈では外国による攻撃の意図を基準として自衛権を発動することは許されないが、実際に攻撃が生じてからでは国家の法益の侵害を防ぐことができないとして、法益侵害を目的とする軍事行動が開始（着手）されたときに自衛権を行使できるとする解釈が有力であったと思われる（このような自衛権は迎撃的自衛権 interceptive right of self-defense と呼ばれることもある）。

ブッシュ・ドクトリンが問題提起しているのは、従来の自衛権のように急迫性（imminence）、必要性（necessity）、均衡性（proportionality）からのみ判断されるべきではなく、攻撃が行われてから反撃できるような自衛権では大量破壊兵器を使ったテロ攻撃に対処できないどころか、ジェノサイド的大量死をもたらすことになるので、テロ行為を非人道的行為とみなしてユス・コーゲンスの対象とすることにより、攻撃が行われる前の意図の段階での自衛権の行使を非常手段として認めるべきであるとしている点である。抑止不可能な集団に対する急迫性の時間的要素を攻撃の意図の段階にまで拡大しようとする問題提起と理解される。

核兵器の存在や大量破壊兵器の拡散という、国連憲章の制定時に想定されていなかった現在の脅威状況に即して自衛権の概念を更新するか、自衛権に関する新たな国際法の原則を確立すべきという問題提起である。現代国際法の「欠缺」の問題として、すでにコソヴォ紛争で先例のある人道的介入の問題などとともに、発動の要件、乱用の防止等について国連その他のフォーラムで専門家の間で真剣に議論が行われる必要があると考えられる。

テロと国連の役割

九・一一のテロ事件に際して国連はどのような役割を果たしてきたのか、また今後どのようなことが国連に期待されているのであろうか。国連安保理では九・一一以前にすでに、タリバーンにウサマ・ビンラディン(UBL)の引渡しを求める安保理決議一二六七(一九九九年一〇月一五日)及び対テロ国際条約の履行や締結、テロ対策のための国際協力の促進を求める安保理決議一二六九(一九九九年一〇月一九日)ならびにタリバーン及びビンラディンに対する制裁を課す安保理決議一三三三(二〇〇〇年一二月一九日)が採択されていた。

九月一一日の同時多発テロの発生を受けて翌一二日に開かれた安保理会合においては、安保理決議一三六八が採択されている。それによれば、前文で加盟国が国連憲章に従って個別的又は集団的自衛の固有の権利を有していることを認め、主文において九・一一テロ行為を「国際の平和及び安全に対する脅威」であるとみなし、国連憲章に従って安保理があらゆる必要な手順（all necessary steps）をとる用意があると決定されている。

この安保理決議は、湾岸戦争の際の安保理決議六七八等と異なり、国連加盟国から成る多国籍軍に対してあらゆる必要な手段（all necessary means）をとる権限を認める武力行使容認決議ではない。しかしながら、九・一一テロ攻撃のケースは湾岸戦争の際と異なり米国自身が直接攻撃されており、米国が個別的及び集団的自衛権に基づいて反撃を加えてもその正当性に疑問は生じず、安保理決議一三六八で十分に行動できること及び武力行使容認決議を安保理に求めた場合、中国等の動きが完全には読みきれず成立が危ぶまれたこともあり、この安保理決議一三六八と国連憲章第五一条が米、英のアフガニスタンに対する軍事行動の根拠となった。また、安保理はこれに先立つ九月二八日にテロ行為のための資金供与等の犯罪化、テロリストの資産凍結、テロリストへの金融資産等の提供禁止、テロ資金防止条約等の関連条約の締結促進等を内容とする安保理決議一三七三を全会一致で採択している。

このように、安保理は武力行使容認決議にまでは踏み込まなかったものの矢継ぎ早に具体的な措置を講じており、テロについては武力行使に関すること以外の分野では独自の役割を果たしてきたと言えよう。ただ、二〇〇一年一〇月一日に開始された国連総会においては、インドなどから提案された包括的テロ防止条約に関する議論が行われたが、国際テロリズムの定義をめぐり合意が成立せず、国連の限界を露呈した。

国際テロ撲滅の目標は米、英の武力行使のみでは達成されず、全国連加盟国による共同行動なしには実現が困難であることは米、英にとっても明らかである。テロ撲滅のためには、政治、軍事、経済、社会の各般にわたる連携作戦が必要であり、またテロが生起する根源的な問題（貧困、差別、教育等）を解決するとすれば、膨大な時間と努力が必要であり、このためには国連の場を活用することが不可欠となる。

その意味では、国連にはテロ撲滅を梃子にイラクをめぐる安保理常任理事国間の確執によって傷ついた威信と正統性を回復するチャンスが訪れている。国際テロ撲滅に向けての安保理常任理事国間の協調（「大国の一致」）が冷戦終了直後のような形で復活し、また米国が単独行動主義を抑制して多国間協調を重視する新たな道を歩むことができれば、国連もまた名誉回復への道が開かれているものと期待される。

アナン（Kofi Annan）事務総長は、二〇〇〇年の国連ミレニアム・サミットに関する事務総長報告において、二一世紀における国連の役割の一つとして「欠乏からの自由」と共に「恐怖からの自由」というテーマを掲げ、暴力と恐怖に国連がどう戦うかを問題提起している。これは日本国憲法前文の精神と同じであり強く共鳴し得るところである。ちなみに二〇〇一年度のノーベル平和賞は、アナン国連事務総長及び国連全体に対して授与された。ノーベル平和賞の一〇〇周年記念の年に国連が受賞したことは象徴的な意味をもつと同時に、テロという人類共通の敵に立ち向かう反テロ連合を国連を中心に築き上げ、冷戦終了後の安定した世界秩序を構築してほしいとの国際社会の希望を伝える意味があったものと考えられる。安保理常任理事国はじめ国連加盟国はその期待に応えなければならない。

「文明の衝突」を回避するために

九・一一テロ事件の後、誰もが想起したのがハンチントン（Samuel Huntington）の「文明の衝突」のワースト・シナリオではなかっただろうか。誰もがこの理論を意識したが故に、米国はもとより欧州、ロシア、中国、日本を含む多くの国々の指導者がテロリズムとイスラムを混同してはならないとか、テロリストや狂信者とアラブ世界を混同してはならないとして警鐘を鳴らしたのであった。しかし、ややもすれば「文明の衝突」的な悪魔のささやきに耳を傾ける誘惑に負けてしまうこともある。これがテロリストの狙いとする「ビンラディンの罠」と呼ばれるものである。

この罠に落ちかけたのがブッシュ大統領の「十字軍」発言であり、またベルルスコーニ（Silvio Berlusconi）イタリア首相のベルリンにおける発言であった。二〇〇一年九月二七日のインターナショナル・ヘラルド・トリビューン紙に報じられたベルルスコーニ首相のドイツ訪問中の発言は欧米人が陥り易い陥穽であるので、以下に簡単に紹介しておきたい。同首相は次のように述べている。

「我々は広範な繁栄をもたらし、人権及び宗教の尊重を保証するという価値体系によって構成される我々の文明の優越性に自信をもつべきである。この尊重はイスラム諸国には確かに存在していない。西洋はその価値の優越性によって新たな人々を西洋化し、征服するであろう。西洋は共産世界及び一部のイスラム世界に対してそうしたが、不幸なことに一部のイスラム社会は一四〇〇年遅れている。このような観点から、我々は我々の文明の強さと力を認識しなければならない。」

以上お分かりのとおり、ベルルスコーニ首相は見事にビンラディンの罠にはまってしまったわけだが、後日、同首相はイタリア国会において釈明と謝罪を行うはめになった。

急速に欧米化・民主化してゆくイスラム社会の中で、そのプロセスに適応できない層が貧困化してゆく。そしてそのことは、平等主義や社会的公正を説くイスラムの教えに反する。イスラム原理主義と呼ばれる復興運動が起きてきたのは、イスラム意識の覚醒によるものだと言われている。これは民主主義と自由市場経済をベースとして、競争による利益の拡大を目指す米国型資本主義のグローバルな浸透、別の表現で言えばアメリカ流グローバリゼーションの中で、アイデンティティを回復しようとするイスラム文明の反動ととらえることもできる。

ケネディ(Paul Kennedy)米イエール大学教授が、「今回の同時テロは、米国と西洋資本主義を象徴する偶像の破壊である。……彼等の意識の底には西洋文明や近代社会に対する愛憎相半ばする感情がある。……西洋のテクノロジーを利用しつつ、反西洋の信念を持ち続けた点だ」と述べている(二〇〇一年一〇月三日　読売新聞「世界の危機・日本の責任」)のも同じ視点に立った見方である。

いずれにしても、アフガニスタン問題ではブッシュ大統領がブレア英国首相やパウエル国務長官の忠告を聞き入れて、タリバーン攻撃に至るまでにパキスタンやインドはもとよりロシア、中国、アラブ世界において反テロ同盟とも呼べる広範な支持を築き上げてきたことは、ハンチントンの「文明の衝突」とそれを利用しようとする「ビンラディンの罠」に陥ることを慎重に避けようとしたものとして評価される。「文明の衝突」の潜在的可能性は危険なまでに存在しているが、今後、国際社会が長期にわたって自制心をもって断固とした対応がとれるかどうかが、反テロの世界連合と国際協調の機運を二一世紀に根づかせる上での鍵であると思われる。それができない場合は、新たな地政学に基づく混沌とした秩序と大義なき暴力の支配する二一世紀となることも排除されない。

二　反グローバリゼーション

文明運動としてのグローバリゼーション

世界をグローバリゼーションが席巻している。これは作り出された現象なのか、イデオロギーのような思想なのかそれとも世界的なムードなのか様々な見方があり得る。結論から言えば、グローバリゼーションは今や経済分野のみならず、政治、社会その他人類の一般生活のあらゆる分野に影響を及ぼし、人間の行動様式を左右する世界規模の文明の一つのかたちになりつつあるのではないかと思う。

文明の定義は一様ではない。『文明の衝突』で有名なサミュエル・ハンチントン（Samuel P. Huntington）によれば、「文明と文化は、いずれも人びとの生活様式全般を言い、文明は文化を拡大したものである。いずれも『価値観、規範、社会制度、ある社会で何世代にもわたって最も重要視されてきた思考様式』を含んでいる」とされる（サミュエル・ハンチントン『文明の衝突』鈴木主税訳、集英社、一九九八年、五三頁）。広辞苑その他をひも解けば、文明は一般的には、「文教が進んで人知が明らかになり、精神上、物質上の生活が豊かで便利になっている社会の状態」とまとめることができる。

他方、文明は文化の総体であるとも言われるので、文化の中心的な要素である言語や宗教とも無関係ではない。まさに、グローバリズムがITと英語という共通言語（リンガフランカ）によって急速に進展し、グローバル資本主義の信仰が各地で様々な葛藤を生み出しているのは、グローバリゼーションが文明運動的側面を持っているからではなかろうか。

その意味で、現在世界で起きているグローバリゼーションとそれに対抗する反グローバル化の運動は、文明史的に見た場合一九世紀に非西欧諸国が近代化を受容していった際のジレンマに匹敵する意味合を持っていると考えられる。

ハンチントン教授は、前掲の『文明の衝突』の中で、西欧化・近代化に対処するに際して当時の非西欧諸国がどのような態度で臨んだかを次の三つに分類している。第一は拒否主義で、ペリー来航までの日本と中国がその例として挙げられている。第二はケマル主義（スルタン制を廃止したトルコ共和国初代大統領ケマル・アタチュルク）である。西欧化と近代化の双方を受け入れる姿勢であり、トルコや明治以降の日本がそれに該当する。第三は改革主義で、近代化と土着文化をともに保存しようという試みであるが、これには中国の「中体西用」や日本の「和魂洋才」が挙げられている。

近年、シアトル、ストックホルム、ジェノバ等で起きている反グローバル化の抗議行動は、そのような新たな文明に対する前述の拒否主義と同じような意味をもっているのではないかと思われる。アルカイダ等のイスラム原理主義のテロリズムは、米国主導のグローバリゼーションへの激しい拒否の意思表示と見られる。この原理主義的テロリズムと反グローバル化運動がどのような関係にあるかは慎重に考慮される必要があるが、ここでは立ち入らない。

グローバリゼーションは妄想か

グローバリゼーションは文明運動であると述べたが、それは人類にとってどのようなことを意味するのかを簡単に述べてみたい。グローバリゼーションを単に国境を越えた人・モノ・情報の拡大ないし相互依存の高まりととらえてしまっては、この文明史的現象の本質を見誤ってしまう。相互依存は大陸横断海底ケーブルや蒸気船が実用化された一九世紀後半からすでに始まっていたし、二〇世紀に入ってからも航空機の発達による大量輸送、貿易や投資の拡大による世界経済のバブル的成長そしてその裏返しの南北問題という形で近代国際社会の大きなテーマであった。最近の問題としても、新型急性肺炎（SARS）の世界的な蔓延という事態は世界の相互依存、ボーダーレス化がネガティヴに示された典型的な例の一つである。

冷戦の終焉は民主主義と市場経済の世界的勝利をもたらしたが、民主主義と市場経済の普遍化に加えITという情報技術大革命が起こり、社会は相互依存のレベルをはるかに通り越して一九九七年のアジア経済危機や二〇〇一年九月一一日の米国同時多発テロの発生等、「グローバル化のチェルノブイリ」現象（ウルリヒ・ベック＝Urlich Beck ロンドン大学教授）とでもいうべき様相を呈している。すなわち、文明史的なレベルで世界的な葛藤が生じているのである。グローバリゼーションは、民主主義と市場経済という原理ならびにITおよび英語という共通言語をもつ人類がかつて到達したことのない普遍的で地理的属性のない文明だと言える。

アントニオ・ネグリ（Antonio Negri）とマイケル・ハート（Michael Hardt）は、その共著書でグローバリゼーションを「帝国」に喩えているが、これには個人的に違和感を覚える。グローバリゼーションという名の文明のもつ魅力と魔力は、国家の枠を超えて世界中の個人と個人が結びついてしまういわゆる「グローカル」（Glocal、グローバルであり同時にローカルである）な状態を作り出し、また、内政不干渉の原則も破って容易に他国に浸透する力を持っているということである。このグローカル性と浸透力をもつ文明は途上国であれ独裁国家であれ拡大し、まだ近代化を成し遂げていない国との間で衝突を起こしている。また、先進国においても地場産業の衰えや産業の空洞化を進行させ、社会的不安が拡大するとともに、単純労働者の実質賃金の低下、都市の貧困等深刻な事態が生起している。

これがグローバリゼーションの危機の実相である。安全保障とドルという国際公共財を米国が一手に提供する中で、金融・技術大国の米国とG7に属する先進民主主義国がグローバル資本主義を全世界に蔓延させてしまった。世界の多くの国と人がほぼ同じ考え方になってしまったのである。極端な見方をすれば、「経済が政治に優位し、主権国家の役割は徐々に後退し、グローバル市場、規制緩和、官僚主義からの脱却により失業、貧困、経済停滞を救う」という米国のネオリベラリズム的な考え方の行き着く先がこのグローバリゼーションという文明だと言えるのではないだろうか。

一方、このようなグローバリゼーションは一九世紀の欧州啓蒙思想的な価値認識を含んでおり、世界が最終的に普遍的に統合されるという幻想を招きかねず、危険なものだというグレイの指摘もある（John Gray, "False Dawn : The Delusion of Global Capitalism"『グローバリズムという妄想』石塚雅彦訳、日本経済新聞社、二〇〇〇年）。グレイによれば、このような考え方は人類は進歩し、最終的には普遍的な世界文明に至るものであり、現在はその一過程にあると主張するが、これは民主主義と市場主義の勝利により歴史は乗り越えられたとするフランシス・フクヤマ（Francis Fukuyama）の弁証法的結論と同様に誤りであるとされている。

グレイは、冷戦によって終わったのは共産主義とリベラリズムというあくまで西欧の啓蒙思想同士の戦いであり、世界はイデオロギーとは別の民族、宗教、経済的利害の対立・抗争という昔ながらの世界に戻っただけだと反論している。すなわち、人類は紛争の歴史的な根源など消滅させてはいないというのである。グローバリゼーションが人類に何をもたらすのかということと後述の反グローバル化運動を理解する上で、このグレイの指摘は重要な意味を持っている。

G8による外交的取組み

グローバリゼーションに対するG8としての本格的な取組みが開始されたのは、一九九六年六月にフランスのリヨンで開催された第二二回主要国（G8）首脳会議であった。このリヨン・サミットでG8首脳は、グローバル化は世界の富と繁栄の拡大をもたらし、将来への希望の源泉であると積極的に評価しつつも、「より貧しい国々においてグローバル化は不平等を広げることになるかもしれず、世界の一部の地域は疎外されていく可能性がある」との危険性、すなわち「グローバル化の罠」への懸念を表明している。

そして、その罠に陥らないためには、「種々の国際的な制度の仕組みを改善すること、市場の自由化・公正なルールを新たなプレーヤーにも及ぼすこと、様々な規模と特色を有する危機に対応する能力および経済の低開発から脱却しようと苦闘している国々の努力を支援することなどが将来の発展のために必要であろう」と述べている。

この点は重要なポイントであり、疎外、貧困、危機といったキーワードに見られるように、グローバル化の負の部分の克服の必要性がすでに一九九六年の時点で認識されていたことが注目される。それにもかかわらず、その直後の一九九七年にアジア経済危機が発生し、アフガニスタンやソマリア等の破綻国家が放置され、そして二〇〇一年の同時多発テロにつながる一連の危機の連鎖を許してしまうことになった。

グローバル化という新しい文明の光と影をいち早く察知し、G8サミットのテーマに取り上げるという知恵を働かせたあたりは、市民革命と啓蒙思想の発祥の国としてのフランス独特の外交的感性が感じられる。また、そのようなグローバリゼーション文明の危険性を嗅ぎとって、これを制御しようとするのもフランスらしいところである。

唯一の超大国として事実上の「一極支配」を続ける米国とその金融（マネー）資本が繰り広げるグローバル化を制御しなければならないとの考え方を提唱したのもフランスであり、当時から「制御されたグローバリゼーション」という考え方を提唱している。世界の「一極化」に対抗してロシアや中国とともに「多極化」を主張しているフランスが、グローバリゼーションの功罪を踏まえ文明運動を制御すべきであると提唱したことは、その後二〇〇三年初頭のイラクへの攻撃をめぐり反米・平和連合を唱導する伏線となったと考えられる。

勿論、そのようなグローバル化の影の部分に気がついていたのはフランスだけではない。一九九八年のG8バーミンガム・サミットではアジア経済危機について議論が行われたし、一九九九年のケルン・サミットでは教育及び生涯学習の重要性と途上国の債務救済についてイニシアティヴが発揮されている。

また、二〇〇〇年の沖縄サミットでは、「繁栄」、「心の安寧」、「安全」をライトモティーフに文化の多様性をG8として初めて強調し、一体性、無差別を重視し人種差別および外国人嫌悪に対抗することを打ち出している。さらに、ITが提供するデジタル・オポチュニティを最大限に生かすとともに、いわゆる情報格差「デジタル・ディヴァイド」の解消に取組むための方策を「ITに関する沖縄憲章」の中で世に問うている。このように、「グローバリゼーション文明」の負の部分のリスク管理は近年のG8の最大の課題のひとつであると言ってよい。

何が起きているのか

グローバリゼーションが着実に進行する中で、世界の各地で経済的危機が発生し（東南アジア、ロシア、ブラジル、トルコ、アルゼンチン等）、また、先進工業国における株価の下落と経済成長の鈍化が雇用情勢を圧迫し、貧困問題が途上国のみならず先進工業国においても大きな社会問題となっている。

反グローバル化運動の例

(1) WTOシアトル閣僚会合（1999年12月、参加者約70,000人）
環境保護団体や全米の労働組合等約7万人が自由貿易体制反対、反グローバリゼーションを主張し、示威行動。一部過激派の先導によって暴動が発生、非常事態宣言を発する事態に進展。無政府主義者等が暴動を起こしたとも言われる。

(2) 世銀・IMFワシントン会合（2000年4月、約10,000人）
世銀・IMFプラハ会合（2000年9月、約36,000人）
ワシントン会合には一部過激派が機動隊と衝突。1,300人逮捕。プラハ会合の際は6,000人が外資系店舗を襲撃、機動隊と衝突。

(3) ダヴォス会議（世界経済フォーラム年次総会）（2001年1月、約500人）
約500人が抗議運動。過激派が会議場のガラスを爆破。同時期にブラジルのポルト・アレグレでアンチ・ダヴォス会合（世界社会フォーラム）が開催（約4,500-10,000人）されたが、米国資本の農場への侵入、遺伝子組み換え作物・種子等を破壊する行為も見られた。

(4) ヨーテボリ欧州理事会（2001年6月、約25,000人）
一部の極左組織や単なる騒擾目的の若者等を中心に暴動が発生。約560名が逮捕。警官隊の発砲によるけが人も発生。

(5) G8ジェノバ・サミット（2001年7月、約200,000人）
シアトルでの抗議行動以降初めて死者1名を出す。一連の抗議運動の中では最大の惨事に。ジェノバでは、NGOが、100ヵ国700団体から構成された「ジェノバ社会フォーラム」(GSF) を結成し、平和的抗議行動を目指したものの、一部アナーキスト等が警察治安部隊と衝突、大規模な騒乱に発展。死者が出たことや、一部の有力NGOが抗議行動から離脱するなど「反グローバリゼーション」運動側にもダメージを残した。

(6) G8エヴィアン・サミット（2003年6月1-3日）
フランスのエヴィアンで行われたG8サミットでは、フランス側国境を厳しく管理していたため、デモ隊はフランスに入れず、対岸のスイスの各都市（ジュネーヴ、ローザンヌ等）で反グローバル化を掲げる各種グループ（反ダヴォスの「世界社会フォーラム」ATTACを含む）が抗議行動を行った。合計8万人のデモが行われたが、一部が暴徒化し、警察隊の催涙ガスによる鎮圧が行われた。このデモを規制するために、スイス政府は近隣各国から機動警察隊の応援を求め、ドイツからも1000人弱の警察官がジュネーヴ空港等の警備に当たるなどの協力も見られた。

このような中で、MAI（多国間投資協定）交渉は、多国籍企業の利益を保護するものだとする市民社会の攻撃によりフランスが脱退したため宙に浮いてしまった。また、一九九九年一二月のWTO（世界貿易機関）シアトル閣僚会議は、労組等の反対による暴動で非常事態宣言が出される始末であった。このような反グローバル化運動はその後、二〇〇一年六月のヨーテボリEU首脳会議、同年七月のG8ジェノバ・サミットでも示され、さながら暴動の様相を呈している。これに懲りたイタリア政府は、その年に予定されていたFAO（世界食糧機関）のローマ会合をキャンセルしてしまった。G8、WTOなどのグローバリゼーションと関連する国際会議が暴動のターゲットとされているのはなぜか、どう理解すればよいのだろうか。参考までに、これまでどのような反グローバル化運動が起きているか別表に掲げておく。

反グローバリゼーション主義者とは何者か

反グローバリゼーション主義者は主義・主張も性格も千差万別である。思想的影響を及ぼしたり、マスコミに登場する人物はいるものの、一九六〇年代の学生運動や反体制運動の場合のような象徴的な人物は存在しない。理想社会を追及するよりも、急激な社会・経済の変化から既存の価値観を守る傾向が強い。基本的に経済のグローバル化に反対するとともに、南北格差の拡大、地球環境の悪化、国内の所得格差の拡大、独自の文化の喪失等に反対している。

大きな潮流としては、①環境保護を求める世界各地の草の根運動、②フランスを中心とする左翼知識人グループ、③社会正義の実現を求める中南米諸国の社会主義者グループの三つがある。具体的には次のようなグループが例として挙げられる。

非暴力グループ
　環境問題：グリーンピース等
　債務問題：ジュビリー二〇〇〇等
　南北格差：アタック（ATTAC）等
　労働問題（強制労働や児童労働など）：ティームスターズ（TEAMSTERS）等
　その他：文化的独自性の喪失、感染症、遺伝子組み換え作物等に反対するグループ

暴力行為を肯定するグループ
　アナーキスト、トロツキスト等の無政府主義者、極左組織等

二〇〇一年九月一一日のフィナンシャル・タイムズ紙は、「グローバリゼーションの申し子の逆襲（Globalization's children strike back）」と題する記事の中で次のように述べている。

「反グローバリゼーション主義者は非常にうまく連携している。そして多くの情報も持っている。

また、活動資金も増えている。その中には唯心論者、共産主義者、ユートピア主義者、夢想家といったものも混じっている。彼らは、厳密にいえば反グローバリゼーション主義者ではない。多くの活動家はむしろグローバリゼーションを支持しており、またその申し子でもある。彼らの活動はインターネットによって運営されており、多数の動員は欧州においては携帯電話により可能となった。これは運動というより、むしろ気分（ムード）のようなものである。彼らは、企業は一層利潤を追求し、環境と生命を破壊し、貧しいものを富ませることができないという疑念を抱いているのではないか。そして民主主義はこのような動きを止めることができないほどに弱くなったという不安に駆られている。」

この分析も含め様々な見方を集約すれば、皮肉なことに民主主義と市場原理の普及が人間のモラルを崩壊させ、どうやら絶望感と無政府主義者が反グローバリゼーションの担い手であるということらしい。一頃注目を浴びた「デモクラティック・ピース」（民主主義国家は互いに戦わないという考え方）は、この反グローバル主義者の前では説得力を失ってしまう。急激な経済・社会の変化により世の中が漠然とした不安感に駆られ、心の安寧が失われつつあるように思える。そして、この不安感が絶望感に変わることによって暴力が発生するのかもしれない。

ここで注意すべきは、日本を含む先進諸国が当然視してきた民主主義と市場原理の普遍化の舞台裏で前述のような不安が同時進行していることである。「民主的平和」や「歴史の終焉」は、現代史の一時的な現象を説明しているだけかもしれないと疑ってみることも重要である。そして、差別や格差という人類社会の根本的な問題、紛争の根源は何も解決していないことを理解することが必要である。

そのような視点に立って、社会の進歩と人類社会の根源的な問題の解決を調和させることを目指す外交努力が、国際社会にとって極めて重要であることを再認識する必要がある。反グローバリゼーションやテロに立ち向かう上で重要なキーワードになると考えられるのは、「絶望感の阻止」ということである。絶望感を普遍的な存在にさせてはならない。

イスラムとグローバリゼーション

グローバリゼーションはイスラム諸国にどのような影響を与えているのであろうか。「イスラム諸国の中で途上国の段階から先進国の段階に進みつつある国は、おそらくトルコを除けば一ヵ国もない。二〇〇〇年の一人当たりの所得の世界平均は七、三五〇ドルだが、イスラム諸国の平均は三、七〇〇ドルにすぎない」（読売新聞調査研究本部編著『対テロリズム戦争』中公新書ラクレ、二〇〇一年）と言われるほど現在のイスラム世界は貧困と経済の低開発状態にある。他方で、イスラムは長い歴史をもつ文化豊かな地域であり、世界史的には中世では西欧やその他の地域を凌駕する科学技術と文明の進んだ先進地域であった。

しかし、一九世紀以降のイスラム世界は自ら近代化を成し遂げることができず、西欧と出会うことによって近代に至るというプロセスを辿っている。その「近代化＝西欧との邂逅」は必ずしも円満な形では進まず、列強の進出に対して武力抵抗が行われる等、西欧の進出はイスラム世界にとっては常に危機を意味していた。

イスラム文明に詳しい一橋大学の加藤博教授は、「列強の進出が、軍事占領という形をとった場合には、広範囲の武力抵抗が組織され、外交的、経済的なかたちをとった場合には、列強の干渉を阻止するために国家の近代化改革がなされた。」と述べている（加藤博『イスラーム世界の危機と改革』山川出版社、二〇〇二年、二八頁）。イラク戦争後のイラクの姿が目に浮かぶが、二一世紀のイスラム社会の近代化と改革を促すために結果的に早い方法は、やはり経済や外交というソフトな手段だということであろう。この見方に立てば、グローバリゼーションは経済、外交面でのソフトな「進出」であり、イスラム世界に対して社会の改革を促す大きな波となるのではないだろうか。

だが、現実にはグローバリゼーションという「新たな文明」との出会いによって逆にイスラム精神が覚醒され、イスラム復興現象が生じていると言われる。近代化と改革を阻止する他の文明にはない何かがイスラムには根強くあることが葛藤の原因ではないかと思われる。グローバリゼーション文明の根本教義である民主主義と市場原理に対するアンチテーゼとしての考え方が、イスラムには根強くあるのであろう。

イスラム原理主義がなぜ生じたのかについては、様々な説がある。フランスの人類・歴史学者のエマニュエル・トッド（Emmanuel Todd）は次のように述べている。

「あらゆる国で近代化に伴う危機の時代には信仰の危機や大量殺戮とともに、出生率の低下が見られた。出産制限は近代化の手段であり、まず考え方の変化が出生率に表れる。……危機の時代は生活や考え方の急激な変化で必ず暴力が登場する。これがイスラム過激派だ。」（二〇〇一年一一月二一日、朝日新聞）

出生率の低下で近代化を説明することが可能か否か筆者は判断する能力を持ち合わせていないが、イスラム過激派の存在がイスラムの近代化の一つの現象だとするのは、興味ある見方だと思われる。

グローバリゼーションといかに付き合うか

(1)　新たな倫理の確立が急務

すでに述べたとおり、グローバリゼーションは二一世紀における文明の一つのかたちだと考えた場合、グローバリゼーション文明圏に属していない諸国はそれとの「邂逅」で様々な反発と葛藤が生じているものと思われる。そしてこの文明が市場主義、民主主義、人道主義という原理をベースに構築されていることから、西欧が成し遂げた近代化のプロセスをいまだ自ら経験していない国々にとっては脅威とすら映ってしまう。

幸いに一世紀以上も前に近代化を経験した非西欧の日本においては、グローバリゼーションの挑戦はむしろ未来へのチャンスととらえられ、日本がさらに新たな文明の担い手として再生するためのステップと受け止められている。グローバリゼーションによる「文明の衝突」的現象は、日本に関しては存在していない。

米国流のマネー資本主義は市場の決定を重視する極端な市場原理主義であるが、これはアジア、ロシア、アルゼンチンはじめ各地で資本主義をむしばみ、これらの国を資本主義システムから離脱させる危険性すらあることが指摘されてきた。グローバル資本主義がイスラム世界に浸透し、反発を受けていることはグローバル資本主義自体の反省材料としては悪くないことと思われる。「人間の顔をした資本主義」や「開かれた資本主義」が必要と言われるのは、グローバル資本主義が金融市場を完全に自由な動きに任せ、「市場メカニズムと利益追求願望を、本来はそれらとは全く関係のない活動分野にまで侵食することを許してしまった」（ジョージ・ソロス『グローバル資本主義の危機』日本経済新聞社、一九九九年、二七頁）ことへの反省によるものと思われる。

文明は融合しないまでも、邂逅することにより別の高みに達することはできる。グローバル資本主義ないしグローバリゼーションの欠点は、ソロスの指摘するように、資本主義が運用される際の共有された信条と倫理規範が希薄になっていることであり、ヴェーバー（Max Weber）風に言えば「理性に対する信奉が資本主義に伴っている必要がある」が、現実にはそうなっていないということであろう。このように二一世紀における倫理や新たな道徳的な規範が確立され、それに裏付けられ規制される資本主義でなければ、この先資本主義も生き残ることはできないのではないかと思われる。

(2)　協調的なガヴァナンスの構築

次に問われているのは、グローバリゼーションから疎外され、その恩恵すら受けていない国や地域をどう国際システムに取り込んでいくかという問題である。経済のグローバリゼーションに比べて政治面でのグローバリゼーションの動きは遅々としている。本来なら、グローバル資本主義やグローバリゼーションの負の部分を制御するにふさわしい、真にグローバルな統治組織の登場が望まれるが、現在の米国を中心とする一極的な世界政治の現状においては、既存の国連に代わって新たな組織を構築することは現実的ではない。

他方で、国連やIMFなど一九四五年に登場したいわゆる「サンフランシスコ・システム」もグローバリゼーションの進展とともに再構築が急務となっている。その意味で日本などが安保理をはじめとする国連の改革を求めているのは方向としては正しいことだと思うが、それが実現するまでの間は既存の組織の間の連携を強化し、危機や事件毎にアドホックに協調体制を組んで対応を行っていくことが現実的であろう。

コソヴォや東チモール、アフガニスタンなど統治組織が破綻した国や地域におけるガヴァナンスの構築と復興のため、支援国会合のメカニズムが平和構築の一環として活用されていることは重要であり、このような協調的なガヴァナンスの活用がグローバリゼーションの負の部分への対応上効果的であると思われる。

(3)　パレートの「利他的行為」の再評価

最後にもう一点指摘しておきたい。グローバリゼーションの効果を他人に及ぼすためには、世界的な次元での「喜捨」の精神の実践が必要となる。前述のとおり、他の文明同様イスラムの世界にもこの精神がシステムとして存在する。グローバリゼーションの負の側面を克服し、資本主義を「開かれた」、「人間の顔をした」ものにするには、国際社会全体が利己的行動から利他的行動に軸足を少し傾ける部分がないといけない。

イタリアの経済学者パレートは、人間の基本的要素を次の六つに分類している（森嶋通夫『なぜ日本は没落するか』岩波書店、一九九九年、五七―六二頁）。①新しい組み合わせを見つけ出そうとする意欲、②個人よりも全体を優先させようとする性向、③自分の感情を外に向かって表現したがる性向、④社交性の傾向、⑤自分の身と財産を保全しようとする傾向、⑥種の保存欲。このうち、②の個人よりも全体を優先させようとする性向については、「喜捨」の精神に通じるものがある。ホモ・エコノミクスがなぜそのような性向を持っているのかについての解明は、社会科学的にはまだ十分に行われていないということである。この点を解明すると同時に、現実の政治や経済活動においてこの傾向を強化していくことがグローバリゼーションの負の部分の克服にとって鍵となるかもしれない。

欧州復興開発銀行（ＥＢＲＤ）の初代総裁を務めたフランス人のジャック・アタリ（Jacques Attali）は、世界の人間が共生できるユートピアの思想こそが危機を救う道であるとして、フランスの国是の一つである博愛（Fraternités）の実践を提唱している（ジャック・アタリ『反グローバリズム』近藤健彦・瀬藤澄彦訳、彩流社、二〇〇一年）。博愛の根底にある愛他精神とパレートの利他的行為は同根のものと考えられる。必ずしも合理的ではない、利他的行為の本質をよく分析する必要があるが、このような要素を多分にもつグローバリゼーションが出現する場合には、人類の未来も暗くはないと言えるのではないだろうか。

三　文化テロリズム

バーミヤン石仏の破壊

かの三蔵法師（玄奘）も仰ぎ見たと言われるアフガニスタンのバーミヤンにあった二体の巨大石仏が、二〇〇一年三月、イスラム原理主義勢力のタリバーンによって破壊された。日本を含む世界各国の要請と国連安保理の非難声明にもかかわらず、巨大石仏はなぜ破壊されなければならなかったのか。国際社会にはこのような文化遺産へのテロリズムに対処する手段はないのか、再発を防止するためにはどうしたらよいのか。

文化遺産を保護することは、当該民族と文明のアイデンティティの保護にとどまらず、人類の歴史そのものを守るということであり、人間の安全保障を超えた人類の歴史の保障である。もちろん、生身の人間よりも文化遺産の方に価値があるというわけではない。ここでは、守るべき人類共通の歴史、文化的価値という次元での危機管理とは何なのかが問題なのである。

和光大学名誉教授の前田耕作氏は、「文化財の略奪や盗難は民衆の心が荒廃した時に必ず起きる。戦争はそのひとつのきっかけだ。」と述べている（二〇〇三年五月四日、朝日新聞）。戦争や紛争における文化遺産や文化財の破壊行為を危機管理の視点から国際政治の問題としてとらえ、いかなる対応をすべきか考えてみたい。

文化テロリズム

古今東西、戦争や国内紛争において民族や宗教上の象徴である建物、彫像等の文化財が破壊の対象とされてきたことは少なくない。

古くは、イスラム教開祖のマホメットがメッカのカーバ神殿を征服した際に、神殿内の偶像を破壊したとされている。近くは、中国の文化大革命においても多くの仏教の寺院や仏像が紅衛兵によって破壊された。また、最近では旧ユーゴ紛争においてセルビア人やアルバニア人の教会やモスクが破壊されたほか、イラク戦争終了後には古代メソポタミアの文化遺産を収めたバグダッドのイラク国立博物館から約一万五〇〇〇点もの文化財が略奪された。

バーミヤンの巨大石仏は紀元四―六世紀に建立されたが、アフガニスタンがイスラム化したのは一一世紀頃だと言われている。もはや、アフガニスタン国内で信仰の対象とする者もいない石仏遺跡を破壊するという行為をわれわれはどのように理解すればよいのか。文化遺産の破壊行為は、文明の衝突の一つの象徴的な例だと即断してよいものであろうか。

破壊が行われる以前、バーミヤンの洞窟はイスラム原理主義のタリバーンに追われ、カブールから逃げてきた何千人ものハザラ人難民の住居と化していた。タリバーンの主たる構成員であったパシュトゥン人はスンニ派イスラム教徒であり、三〇〇―四〇〇万人と目されるハザラ人はイランと同じシーア派であるという違いはある。しかし、彼らは同じイスラム教徒であり、アフガニスタン国内で異なった文明や宗教の衝突が起こっていたということではない。

タリバーンによる石仏の破壊は文明の衝突などではなく、情報が閉ざされ、外の世界から孤立した十分な教育を受けていないイスラム原理主義者たちによる文化テロリズムに他ならない。大衆を動員した思想・権力闘争的側面の強い中国の「文化大革命」時代の文化破壊行為とも違う。国際社会から疎外され、注目されない状況を打破するためには手段を選ばない、その意味ではイラクや北朝鮮のようにミサイルや核開発疑惑を梃にした「物騒な外交」と本質は変わらない。

原因は孤立と教育不足か

タリバーンの仏像破壊のような文化テロリズムは、イスラムの宗教的原理主義というよりは政治的原理主義にその原因の一つを見出すことができる。そのような政治的原理主義を導くに至った原因として、エジプトのイスラム教公式指導者で石仏破壊をくい止めるためにタリバーンの説得を試みたナセル・ワセル（Nasr Farid Wassel）師は、朝日新聞とのインタビューでタリバーンが過激化した原因は、「旧ソ連の侵攻と長引く内戦、そして、国際社会による制裁で通信や意思疎通の手段が奪われ、イスラム世界の中心的な経典や文化との結び付きを失った」ことにあるとして、タリバーンの「孤立化」に言及している（二〇〇一年三月二三日、朝日新聞）。

同師は更に、「国内の施設不足のために高い宗教教育が受けられず、アラビア語の理解にも欠け、こうした孤立が誤ったイスラム教の解釈に走らせた」とも述べており、孤立に加え教育の不足を原因として挙げている。孤立と教育不足（あるいは偏った教育）はタリバーンに限らず、「物騒な外交」を展開してきたイラクや北朝鮮にもあてはまる要素であると考えられ、イスラムに特有のものではない。

次に偶像破壊の問題であるが、イスラムに偶像破壊の歴史がないわけではない。コーランには予言者イブラヒムが人々の信仰していた偶像を破壊したと記されているし、すでに述べたように、マホメットはメッカのカーバ神殿を征服し、偶像を破壊したとされる。これに関してナセル・ワセル師は、イスラムは本来異教徒や異文化を尊重する教えであるとして、タリバーンが破壊したのはイスラムが崇拝を禁止している偶像ではなく、崇拝の対象でない人類の歴史遺産を破壊したことに重大な誤りがあるのだとしている。

確かにイスラムの教義は極めて厳格で、過去の例でもインドネシアで日本の「味の素」に豚の遺伝子技術が応用されたのではないかとして、販売禁止措置がとられたことなど記憶に新しい。しかし他方で、他宗教・他文化に関する寛容さを示す例としては、一三八九年の「コソヴォの戦い」での敗北以降、五〇〇年間の長きにわたってオスマン・トルコの支配下に入ったバルカンにおいては、イスラム教への改宗は強制されず、人頭税（ジズヤ）を納めることにより宗教の自由が確保されたという事実も指摘しうる。

タリバーンだけの問題ではない

以上を要約するに、多数の穏健派イスラム諸国から見てもタリバーンによる巨大石仏の破壊はイスラムの教義に照らして許容し難いことであり、政治的・宗教的孤立と正しい宗教教育の不足がその原因であるということである。とは言え、タリバーンの孤立や教育不足の原因をタリバーンのみに帰してしまうことも一面的な感がする。

アフガニスタンの内戦が長期化したそもそもの遠因は、一九七九年のソ連による侵攻と一九九二年のナジブラ共産政権の崩壊、そして武装イスラム勢力を反共の砦として利用しようとした米国やタリバーンを育ててきたパキスタン、反タリバーン派のハザラ系イスラム統一党を支援してきたイラン等近隣諸国や大国の責任も免れ得ないものと思われる。四〇—五〇億ドルとも言われる外国からの軍事援助によりアフガニスタンに蔓延していた武器、制裁によって孤立するタリバーンとイスラム・テロリズムとのもたれ合い、唯一の外貨獲得手段としての麻薬の密輸等アフガニスタンは破綻した国家であり、そのことがすべての始まりであったと言える。

石仏破壊と国際社会の対応

そもそも石仏破壊の発端は、二〇〇一年二月二六日にタリバーンの最高指導者であったオマル師が仏教石窟など国内彫像遺跡が偶像崇拝につながるとして破壊を命じる布告を行い、翌二七日に国内文化遺産の歴史的・文化的重要性を否定する声明を出したことにある。

これに対して国際社会としては、国連安保理が非難声明を出すとともに国連総会も仏像破壊令の見直しを求める決議を全会一致で採択した。ユネスコも松浦事務局長が声明を発出し、パキスタンやイスラム会議機構（ＯＩＣ）に対してタリバーンへの働き掛けを要請したほか、フランス人特使を現地に派遣しタリバーン側と接触させた。また、アナン国連事務総長自身もパキスタンを訪問し、タリバーンのムタワッキル外相と会談したほか、パキスタン内相やＯＩＣ代表団もアフガン入りしたが、事態の好転は見られなかった。

文化の多様性を尊重し世界の文化遺産の保護を重視する日本は、河野外務大臣（当時）よりムタワッキル・タリバーン外相や湾岸の八か国の外相に書簡を発出し、文化財の保護を訴えている。また、自民・公明・保守の連立与党三党も二〇〇一年三月七日、アフガニスタンに三党の国会議員等からなる代表団を派遣し同外相と会談した。以前からバーミヤンの遺跡の保護のために積極的に活動していた平山郁夫画伯（東京芸大学長）も米、英、仏等の博物館館長と共同でアピールを出すとともに、国内で署名・募金活動を行った。同画伯は、バーミヤンの遺跡を爆破するのではなく再現可能な形で切り取ることも検討してほしいとのメッセージを出している。

しかし、これらの国際社会の努力も空しく巨大石仏は無残にもタリバーンの兵士によって爆破されてしまった。ギリシア、ペルシャ、インドの三つの文明の融合するこの仏教遺産は、もはや信仰や崇拝の対象ではなく、東西文明の交流の歴史や美術史上もかけがえのない人類の遺産であったが、国際的な世論に頼るだけでは抑止にならないことが証明された。このような文化遺産テロ行為を二度と繰り返すことなく効果的に阻止する手立てや知恵はないのだろうか。

なお、タリバーン崩壊後、バーミヤンの仏教遺跡は二〇〇三年七月二日、イラクのアシュール遺跡（旧フセイン政権の水路建設により水没の危機に曝されていた）とともに世界遺産への登録が決定された。また、日本政府がユネスコに拠出した資金（一八一万六〇〇〇ドル）を基に、同年七月にバーミヤン仏教遺跡の石窟や仏教壁画の保存・修復のために日独の専門家が派遣されている。

文化遺産の保護に関する法的・制度的枠組み

(1)　世界遺産条約

文化遺産や自然遺産を人類全体のための世界遺産として損傷、破壊等の脅威から保護し、保存するための国際法的な枠組みとしては、一九七二年にユネスコ総会で採択された世界遺産条約（Convention Concerning the Protection of the World Cultural and Natural Heritage）がある。二〇〇四年六月現在、日本を含め一七八ヵ国が締約国となっており、アフガニスタンも当時の政権が締結している。

世界遺産は、文化遺産、自然遺産及び両者を兼ね備えた複合遺産（mixed properties）の三つに分類されるが、二〇〇四年七月現在、万里の長城やアンコールワット、グランドキャニオン等七八八件が世界遺産として登録されている。日本からは法隆寺や姫路城、厳島神社、京都や奈良の文化財、原爆ドーム等が、また最近では紀伊山地の霊場と参詣道が登録されている。世界遺産に登録されるためには締約国が世界遺産委員会（World Heritage Committee）に推薦を行い、同委員会での審査決定を経て顕著な普遍的な価値をもつものだけが世界遺産一覧表に記載される。

世界遺産に選ばれた場合のメリットは何であろうか。遺産の保護の第一義的な責任は各国にあるが、その場合の保護とは侵略、破壊を阻止する行為を意味する。また、締約国は他の締約国に存在する世界遺産を損傷してはならないとの義務も負う。更に、保護や保存のために世界遺産基金による国際的な援助を要請することができる。

ここで危機管理の観点から問題となるのは紛争地域に存在する世界遺産である。世界遺産条約第一一条四項では、急激な都市開発や武力紛争、自然災害などにより重大かつ特別な危険にさらされている遺産について、世界遺産委員会は「危機にさらされている世界遺産一覧表」（List of World Heritage in Danger、いわゆる「危険リスト」）に記載し公表することによって、保護の必要性を国際社会に訴えることができる。最近の例では、二〇〇三年一二月のイラン南東部大地震で大きな被害を受けたバム城塞（アルゲ・バム）が、二〇〇四年七月二日世界遺産委員会により危機遺産とするよう決定されている。

この危険リストに記載されるためには既に世界遺産に指定されている必要があるが、条約第一一条四項は、世界遺産委員会は緊急の必要がある場合にはいつでも新たな物件の記載を行い、公表することができると規定している。世界遺産の内で危険度の特に高いものについては、申請がなくてもこの方法により「危険リスト」に記載することで武力紛争等の危険に対し国際社会に鮮明に警告を発することができる。勿論、「危険リスト」に記載されたからと言って攻撃されないという保障はないが、そもそも世界遺産は損傷してはならないとの条約上の義務がある上にユネスコが更に危険指定をする訳であるから、攻撃に対する一定の抑止力と国際的警報効果が期待できるものと思われる。

問題はバーミヤンの石仏のように、つい最近まで世界遺産のリストに記載されていなかった人類の文化遺産をどう守るかということである。世界遺産となっていないものは「危険リスト」に記載することもできないので、ユネスコとしては如何ともしようがない。他の締約国が世界遺産として推薦することはできるが、条約上アフガニスタンの同意が必要であるので、同意がない場合には道が閉ざされてしまう。

ここに世界遺産条約の限界があるが、後述のとおり平山郁夫画伯はユネスコが登録代行できる制度を作るべきだと提案している。特別の事情を抱えたケースについては、条約を改正して代理登録方式を認めるか、さもなくば条約第一一条四項の「危険リスト」記載の方式をもう少し柔軟に運用することができないか検討の要がある。遺産の存在する国の不備あるいは不能により世界遺産に指定されていないものでも、世界遺産と同等の価値を有し、それが危険に晒されていると世界遺産委員会が判断する場合には、例外的に「危険リスト」に記載する等検討の余地はあるのではないかと思われる。

(2)　ハーグ条約

武力紛争と文化財（文化遺産）との関係について規定した国際条約として、一九五四年五月一四日の「武力紛争の際の文化財の保護のための条約」(Convention for the Protection of Cultural Property in the Event of Armed Conflict、通称ハーグ条約）がある。二〇〇四年七月現在で一一〇ヵ国が締結している。日本は署名したが批准していないので、条約上の権利義務関係は発生しない。

この条約は、文化財を武力紛争の際に予測される影響から守るため平時において適切な措置をとるとともに、武力紛争時に文化財及び関連施設を使用しないこと、および文化財に対する敵対行為を行わないことにより文化財を尊重する義務を締約国が負うことを内容とするものである。すでに五〇年前の一九五四年の段階で、「いかなる国民に属する文化財に対する損害も全人類の文化的遺産に対する損害を意味する」と規定したことは画期的なことであり、この条約により初めて文化財の不可侵が担保されることになった。

具体的に言えば、文化財避難施設や文化財集中地区にある極めて重要な文化財は国際登録簿に登録することにより、武力紛争の際に特別保護（国際管理）下に置かれたり、特別保護の下での輸送を行ったりすることができるとされている。また、締約国は条約に違反した者を処罰することとされている。ただ、文化財がこのような条約上の特別な保護を受けるためには一定の条件があり、対象となる文化財の集中する地区等が重要な軍事目標（空港、放送局、交通幹線等）から妥当な距離にあることが要件とされている。ちなみに、この条約に基づき国際登録簿に登録されているのは、ドイツ（一ヵ所）、オランダ（三ヵ所）の避難施設とヴァチカン市全域の文化集中地区（一ヵ所）のみである。

このハーグ条約は武力紛争の際の文化財の不可侵を規定しているが、国家間の武力紛争に加えて内戦（国際的な性質を有しない武力紛争）などにおける文化財の尊重（敵対行為を行わない等）の規定の適用が謳われている（条約第一九条）。このことは、主権国家でない紛争当事者にも抑止的効果をもたらすという意味で評価し得る。なお、文化財破壊行為に備えて、条約第三条で平時に文化財を武力紛争によって予測される影響に対して保全することが規定されているが、この予防的措置と不可侵義務で実際にどこまで文化財の破壊行為が阻止できるかは、まさにこの条文の前文に謳われている「全人類の文化的遺産に対する損害」の意味がどこまで浸透するかにかかっている。

(3)　ユネスコ条約

イラク戦争後に白日の下に晒された、イラクの文化財略奪等の事態に対処するための国際法上の根拠としては、「文化財の不法な輸入、輸出及び所有権移転を禁止し及び防止する手段に関する条約」(Convention on The Means of Prohibiting and Preventing The Illicit Import, Export and Transfer of Ownership of Cultural Property、通称ユネスコ条約、一九七〇年採択）がある。

この条約は不正な文化財取引を実効的に防止し、各国の文化財を不正な輸出等の危険から保護することを目的とするものである。これにより、他の国の指定した文化財であり博物館等から盗取された文化財は原則として輸入が禁止されることになる。日本は国内的な調整と国内立法作業に時間がかかり締結が遅れたが、二〇〇二年九月九日に条約の受諾書をユネスコに寄託し締約国となった。

何をなすべきか

これまで紹介したとおり、文化財や文化遺産をめぐる法的・制度的規制が一定程度存在することは事実であるが、それにも拘らずバーミヤンのようなケースは救済されなかった。また、安保理決議や国連総会決議ならびに国際社会の世論をもってしても、バーミヤンの石仏破壊を思いとどまらせることはできなかった。このような現状を目の当たりにして国際社会としては何をすべきであろうか。

前述の平山郁夫画伯はユネスコ親善大使として個人的に立ち上がって行動している。平山画伯は、再発防止のために、①破壊される恐れのある重要文化遺産をユネスコが世界遺産として登録代行できる制度を作る、②ユネスコが新たに緊急文化財救済基金を設け、流出文化財を一旦収容し政情安定後に返還する、③文化遺産の保存と同時に人道的な救済を行う「文化財赤十字」を創設し、経済封鎖（制裁）ではなく、人道活動とともに破壊防止の説得を行うことを提唱している（二〇〇一年四月二日、朝日新聞「私の視点」）。傾聴に値する提案であり、具体的な検討が行われることが望まれる。

平山画伯は、「世界遺産条約は、世界遺産指定地域を非武装とし、絶対に戦闘が行えない聖域としている。その地域では戦闘行為を押さえる抑止効果が期待できる」と述べている。条約上は、遺産地域を非武装化する義務が明示されているわけではないが、抑止と非制裁的なアプローチと人道支援（文化財赤十字）という平山画伯の考えが基本であり、正論だと思われる。他方それには限界もあるので、個人的には更に一歩進めて次のようなことができないか提案してみたい。

文化遺産PKO

世界遺産条約やハーグ条約ならびに国際世論による抑止に限界があることを踏まえ、武力行使やテロリズム等により世界的に重要な文化財や文化遺産に対する破壊が行われるか、またはその恐れがある場合に、国連安保理はユネスコの意見をも聴取しつつ（あるいはユネスコの勧告に基づき）決議を行い、加盟国から提供される軍人及び文民からなる人的資源を結集して対処するという、いわば「文化遺産PKO」のようなメカニズムを導入することを検討してみてはどうかと考える。

イラクの国立博物館の略奪も、戦車一台と兵士の一団が博物館の前に陣取っていたなら略奪は起きたであろうか。紛争終結や平和構築の段階で派遣される国連PKOや多国籍軍の兵士の任務に、文化財の保護を追加することはそれほど難しいことではないと思われる。

ちなみに、国連の部隊による国際人道法の遵守に関する一九九九年八月六日の国連事務総長公報（Bulletin Section 6.6）は、国連部隊は芸術的記念碑、歴史的建造物、考古学的遺跡、芸術品、礼拝所、博物館、図書館等を攻撃してはならないと訓示するとともに、これらの文化財の窃盗、略奪、不正使用、蛮行、報復行為を禁止すると通達している。このような文化財への蛮行の禁止をさらに一歩進めて、国連の部隊に安保理決議等により文化財、文化遺産の積極的な保護の任務を付与することはさほど難しいことではないと思われる。

また、文化遺産等の破壊予防のためには、一九九九年二月まで旧ユーゴのマケドニアに派遣されていた国連予防展開隊（UNPREDEP）のような予防的PKOを破壊の危険にさらされている文化遺産のサイトに派遣することも一案である。このようなPKOは、各国の軍事監視要員から構成されるものもあれば、文民のみによって構成されるものもあるいはその双方もあり得る。ここで想定しているのは、当事国の同意を必要とするいわゆる国連憲章「六章半」（PKOは国連憲章に規定がなく、六章と七章の中間にあると解釈されている）の通常のPKOである。当事国の同意が得られない場合には、憲章第七章の強制的な措置の一環として「拡大PKO」のような形で当事国の同意なしに派遣することも考えられるが、これには慎重な検討が必要である。

また、安保理常任理事国の意見の一致が得られない場合には、「平和のための結集決議」に基づき、総会決議によって文化遺産PKOの設置を勧告することも理論的には可能と思われる。ただ、当該国における破壊活動が激しく、コソヴォのケースのように武力介入による防止手段以外に効果が期待できない場合は、そのような強制行動は国連の指揮下では行うべきではなく、多国籍軍に任せるべきである。

平山画伯の提唱する「文化財赤十字」を非政府レベルでの救済手段とすれば、この「文化遺産PKO」は国連による公的な救済手段ということになる。「文化遺産PKO」が派遣されるのは、世界遺産に指定されているものに限らず、国際的な保護対象とはなっていないが、バーミヤンの石仏のような人類共通の遺産と観念される紛争地域における重要文化遺産である。

また、この「文化遺産PKO」が派遣されるサイトの周辺は非武装地帯とする必要がある。紛争当事者の一派が文化遺産の周辺を活動の拠点として利用している場合は、ＰＫＯの展開が容易ではないが、原則として難民キャンプのような非武装のシェルターを文化遺産を取り囲む地域に作り出し、そこに国連ＰＫＯを展開して抑止力を効かせ国連が文化遺産を直接保護するというものである。このＰＫＯは文化遺産を守るとともに、そこに暮らす紛争の犠牲になっている弱者をも保護する人道救援的な任務も併せもつものである。平山画伯の提唱する「文化財赤十字」と共存し協力することも考えられ、文化遺産とともに人の「心や暮らしをともに救済する」(同画伯)ことが可能となる。

再発防止策

(1) 南東欧教育・文化遺産保護セミナーの教訓

文化テロリズムに関する議論を締めくくるにあたり、当面早急に何をしなければならないのか問題提起も含め整理をしておきたいと思う。これを考える上で参考となる切り口を提供してくれたのが、二〇〇一年三月二二〜二三日に東京の国連大学において外務省主催で開催された「南東欧教育・文化遺産保護セミナー」での議論である(筆者が共同議長を務めた)。二〇〇一年は「文明間の対話国連年」に当たっていたこともあり、南東欧地域(バルカン)の民族間の調和を促進するために、教育と文化遺産保護という切り口から議論が行われた。

このセミナーには南東欧諸国からの専門家、ユネスコや欧州評議会など国際機関の関係者が参加して活発な意見が開陳された。主な論点は次のようなものであった。

①バーミヤンの石仏破壊のような文化テロリズムないし文化ジェノサイド行為を将来的に抑止するためには、何等かの制裁が必要であること、その関連で旧ユーゴ紛争に関する国際刑事裁判所（ICTY）は史跡の破壊行為を追訴の対象としていることが紹介された。

②文化遺産を保護するためには、遺産が一民族に属するものではなく人類全体のものであることを自覚する必要があり、「我々の」とか「彼等の」を超えた「文化遺産の脱民族化」を推進する必要があること。

③文化遺産保護のためには、多民族・多文化社会の構築や少数民族の保護が必要であり、そのためにも歴史教育を含む教育の果たす役割が重要であること。

④紛争終了後の平和構築等のプロセスにおいて、破壊された文化遺産を共同で修復することなどは信頼醸成につながること。

なお、この関連で喜ばしい最近の出来事は、一九九三年にボスニア紛争で破壊された一六世紀のオスマン・トルコ時代に建設されたモスタルにあるアーチ型の石橋（スタリ・モスト）が、二〇〇四年七月二三日、ユネスコなどが中心となって再建されたことである。紛争勃発直前に世界遺産登録の申請が行われていたこの橋の再建が、ネレトバ川を隔てて住むクロアチア系住民とムスリム系住民の民族融和の新たなきっかけになればと願う。

(2) 再発防止のための物心両面作戦

再発防止のためのステップには物心両面の方策がある。物、すなわち制度面では特に重要な文化遺産を世界文化遺産化し、攻撃の対象とならないようにすることが急務である。

世界遺産条約の限界でもある申請主義、当事国の同意の要件を紛争地域の破綻国家については緩和すべきであり、平山画伯の提唱するユネスコによる登録代行制度のようなものを導入するのが適切と思われる。そのための国際的な手続き面での整備を行っていく必要がある。また、ユネスコが登録代行を行い易くするために、世界遺産委員会とは別に紛争地域等において重大な危険に直面している文化遺産を選定し、ユネスコに提案するための世界の有識者からなる文化遺産オンブズマン制度のようなものを創設することも有意義と思われる。

文化遺産の破壊を防止するために、制裁的アプローチをとるか説得によるかは難しいところであるが、制裁はタリバーンのような原理主義者を更に孤立させ、文化遺産の破壊を助長させる可能性があると思われるので、慎重な対応が必要である。紛争予防段階や紛争終了後の平和構築の段階では制裁による孤立化政策ではなく、「文化財赤十字」や「文化遺産PKO」等の手段による国際社会への関与政策（エンゲージメント・ポリシー）を講じる方が効果があるのではないかと思われる。

このような関与政策を行う上で当然資金が必要となるが、各国の拠出金や分担金に期待する一方で、日本としては、ユネスコに設置している文化遺産保存日本信託基金や国連に設置している人間の安全保障基金などを活用して支援することも検討し得るものと思われる。ちなみに日本政府は、イラク復興に対してはこのユネスコの日本信託基金に一〇〇万ドルを供与し、イラク国立博物館の修復作業室（ラボラトリー）の再建支援を実施している。

心的な側面としては教育の重要性を銘記すべきである。タリバーンの破壊行為はコーランの正しい理解に基づかないという教育不足の面があると冒頭で紹介した。文明や文化を大切にする自民族優越主義でない遺産保護を行うためには教育が重要であり、ユネスコをはじめとする関係の国際機関や各国政府は紛争地域においてそのような教育を予防的措置として実施することが有益であると思われる。

最後に、心理的抑止効果も過小評価されるべきではないと考える。世界遺産すなわち聖域となったものを破壊することは、宗教と民族を超えて人間としてしてはならないことだという世界的通念が醸成されれば、破壊に対する抑止はいま少し効き目が増すものと思う。第二次世界大戦において京都が米国の空襲から免れたこと等を考え合わせれば、そのような心理的抑止効果は危機的状況においてもやはり存在するものと考えられる。

以上に述べた物心両面の方策を講じることにより、バーミヤンのような事態が二度と起こらないよう人類は真剣に教訓を生かすべきである。

第四章　世界的危機の教訓

一　湾岸危機——「ドイツの道」と「日本の道」

湾岸ショック

戦後の日本は何度かのショック経験をしている。一九七一年のニクソン米大統領の訪中発表によるニクソン・ショック、一九七三年の第一次石油ショックそして一九九〇年八月のイラクによるクウェート侵攻を契機とする湾岸ショックである。この三つのショックの中で、日本の対外政策のみならず国家の本質的なあり方、国の「かたち」を厳しく問いただしたのは湾岸ショックであった。「国際貢献」、「人的貢献」、「普通の国」等がかまびすしく議論され、戦後一貫した日本の生き方であった「経済大国路線」及びその裏返しの政治・安全保障面での「モラトリアム国家」状態が冷戦の終焉とともに終わりを迎えたことを告げるものであった。

湾岸危機は、日本の繁栄を支えていた石油資源の供給地を舞台として発生した国際的な危機であり、クウェートの主権侵害にとどまらず、民主主義と法の支配という第二次世界大戦後の日本や多くの国が享受してきた根本的な価値観の公然の蹂躙であった。それはまた、国際法と正義を基調とする国連憲章の基本的な理念に対する挑戦でもあり、集団安全保障をその中核的な機能としている国連の存在価値が厳しく問われるものであった。

しかしながら、日本全体がこの湾岸危機を自分の問題としてとらえ真剣な取組みが行われるようになったのは、米国から度重なる国際貢献を求める要請が行われ、また一時は二〇〇人を超えるクウェート在留邦人がイラクの人質にとられてからであった。その後の日本の対応が急場凌ぎの域を出ず、その結果いかに深刻な敗北感を味わったかは急遽国会に上呈した「国連平和協力法案」の廃案、総額約一三〇億ドルにのぼる巨額の資金協力に対する国際社会からの低い評価、日本人人質問題への後手に回る対応等一連の危機管理策の手詰まりからも明らかであった。

この湾岸ショックが日本に残した教訓は次の三つであると思われる。第一に、資金協力はいかに多額であっても危機に立ち向かう国際的な連帯を示す手段としては切り札となり得ず、また日本国民の参加意識を育てることにもつながらないこと。第二に、日本にとって自立的に国際協調と危機管理を行うための構想力と人的協力を含む国際公共財の提供を可能とする国内体制を整備することが緊要であること。第三に、在外邦人が外国政府の人質に取られるといった前代未聞の事態に対して日本はなす術がなかったが、このような緊急事態における自国民保護のための手段の整備が急務であること。

畢竟、湾岸危機における日本の対応の最大の問題点は、冷戦時代の世界秩序の多大な受益者であった日本が、ポスト冷戦の多国間協調の時代に突入した途端に資金協力という代償的な負担を除き国際平和の実現に必要な国際公共財を提供できなかったことであり、単なる「平和愛好国家」にすぎないことを内外に示す結果となったことである。日本国憲法を盾に、危険なことは国際場裡において引き受けなくてもよいとの免罪符を手にしたかのような日本国内の長年のモラトリアム感覚が冷戦の崩壊とともに厳しく問われたのであった。

この湾岸ショックを経て日本政府は、ＰＫＯ等への要員の派遣を可能にする「国際平和協力法」の制定、国際危機管理への対応や外交構想力を提供するための外務省改革（「総合外交政策局」の設置等）、在外邦人の輸送を可能とする自衛隊法の改正（政府専用機及び自衛隊の航空機の活用）等を行ったが、これらを経て今日着実に湾岸の教訓が生かされてきていると評価してよいであろう。

湾岸からイラクへ

湾岸ショックは日本に二つの外交上の大きな決断を促した。第一は、国際の平和と安定のための貢献として従来の資金協力から自衛隊の海外派遣を含む人的協力の枠組みづくりを行うこと、第二は、「代表なきところ課税なし」とのスローガンのもとに国連安保理改革を提唱することであった。

第一の決断であるＰＫＯについては、日本は新たな立法措置により一九九二年に初めてカンボジアに六〇〇人の自衛隊施設部隊を派遣し、その後今日に至るまで一〇年間で合計八つの国連ＰＫＯに延べ四、六〇〇人の要員を派遣している。また、最近では、ニューヨークの同時多発テロを受けた米軍をはじめとする各国軍隊の行動に対する後方支援として補給艦を含む自衛隊の艦船をインド洋に派遣し、さらにイラク人道復興支援特措法に基づきイラクのサマーワに約五五〇人の陸上自衛隊の部隊を派遣している。日本は厳しい憲法上の制約の中で非戦闘地域という条件付ではあるが、米軍の後方支援や独自の人道復興支援活動を行うに至る等一〇年前には想像もできなかったほどに国際危機管理面での貢献を行ってきている。

第二の決断である国連安保理改革は、この一〇年来の様々な試みを経て議論はほぼ出尽くしているが、日本やドイツなどを常任理事国にするための改革はまだ実現していない。戦後タブー視されていた自衛隊の海外派遣と安保理常任理事国を目指すこの一〇年間の日本の動きは、日本を「一国平和主義」的な考え方から解き放ち、平和のためには自ら危険をおかす覚悟が必要であるとの国民の意識改革を行う上でも、またそのような責任を果たすために、世界政治の重要な決定に常時参加することを含むいわゆる「普通の国」の路線に転換する上で、大きな変化であったといえる。

冷戦終了後日独両国は、ともに成功した経済大国路線が後退し改革が停滞し、特に日本においては「失われた一〇年」と呼ばれる大きな試練を経験している。その反面、政治・安全保障面では異なった方法を通じてではあるが、両国とも「普通の国」にふさわしい責任を果たすための手段を着実に整備してきている。特にドイツは、一九九四年七月一二日の憲法裁判所の判決を機に、ＰＫＯはもとより多国籍軍による平和執行や人道的介入のための共同行動への連邦軍の派遣が可能になるなど目覚しい変容を遂げ、日本との間の差が開いてきた。イラク戦争をめぐっては、ドイツは米国のイラク攻撃に公然と反対を唱えたシュレーダー首相の下、安保理決議に基づかない武力の行使には参加せず、また資金協力もしないというこれまでとはニュアンスを異にする「ドイツの道」を歩み始めている。ノーといえるドイツの登場である。

イラク問題に関する日本の立場はドイツとは異なり、国際協調が重要として常任理事国に対し安保理での一致した行動を促しつつ米国を支持した。二〇〇一年九月一一日の同時テロ以降世界は新しい戦争の時代に突入したと言われるが、安全保障をめぐる環境は日独では大きく異なっている。米国に依存しなくても自国の安全が確保され得る現在のドイツが享受する安全保障環境と米国の抑止力を現実に必要とする日本を取り巻く戦略環境との差、それが対米自立か協調かを分けるリトマス試験紙となっている。

湾岸危機ではともにショックと外交的敗北を経験し、モラトリアム状態の克服を目指した日独ではあったが、その後の進む方向とスピードに違いが出てきている。今後日本とドイツは世界の平和と安全の問題にどのように主体的に取組んでいくのか、「ドイツの道」と「日本の道」はどのように異なっているのか比較してみたい。

「普通の国」とは何か

日本とドイツは「普通の国」への道を歩み始めていると述べたが、それでは「普通の国」とは何であろうか。結論から先に言えば、「普通の国」とは主権国家としてその意思を主体的かつ自由に表明することができ、国家目標および国益を実現する上でその手段に制限が存在しない国のことを言うものと考える。再統一前のドイツは民族の分断を抱え、国家目標および国益を実現する上で米、英、仏、ソ四ヵ国の共同管理という足かせがあり、制約があったという意味において、経済大国ではあっても「普通の国」ではなかった。

平和のための貢献——日独比較（年表）

日本		ドイツ	
1956年	国連加盟		
1958年	ハマーショルド国連事務総長よりレバノンのUNOGILへの自衛官派遣要請（日本は拒否）		
		1965年12月	ヴェトナム戦争時ジョンソン大統領よりエアハルト首相に200人の衛生部隊の派遣と1,000人のピオニールの派遣要請（マクナマラ国防長官はドイツの戦闘部隊の派遣を希望—ドイツ拒否）
		1973年	東・西両独国連加盟
1991年1月	湾岸戦争 —資金協力（湾岸協力基金=GCC等へ）130億ドル	1991年	湾岸戦争 —資金協力（100億ドル） —地中海への艦艇の派遣 —UNSCOMへの輸送機等の提供
4月	湾岸危機終了後ペルシャ湾へ機雷掃海艇の派遣（6隻）		
1992年6月	国際平和協力法の成立 カンボジア（UNTAC）への自衛隊施設部隊（600人）等の派遣	1992年5月	カンボジア（UNTAC）への衛生部隊（140人）の派遣
		7月	アドリア海に海軍艦船派遣
1993年5月	モザンビーク（ONUMOZ）へ輸送調整部隊派遣（48人）	1993年4月	ボスニア上空空域監視のためAWACSの派遣
		10月	ソマリア（UNOSOM II）に補給・輸送大隊派遣
1994年9月	ルワンダ難民救援活動（ザイール・ゴマ） （自衛隊部隊283人、空輸部隊118人派遣）	1994年7月	連邦憲法裁判所の判決
		1995年	IFORへの部隊派遣（3,600人）
1996年2月	ゴラン高原（UNDOF）に輸送部隊派遣（43人）		
		1997年	SFORへの派遣（3,000人）
		3月	連邦軍によるアルバニア救出作戦
1999年11月	東チモール避難民救援活動 （自衛隊空輸部隊113人派遣）	1999年3月	コソヴォ空爆（空軍機の派遣）
		2001年	KFORへの部隊派遣（4,600人）
2001年10月29日	テロ対策特別措置法成立	9月	マケドニアへの部隊派遣（438人）
		11月～	対テロ作戦（Enduring Freedom）への参加 アフリカの角付近への艦艇の派遣（1,437人）
12月	海上自衛隊補給艦等をインド洋に派遣		
		12月	アフガニスタン（ISAF）への部隊派遣（1,296人）
2002年5月	東チモール（UNMISET）へ施設部隊派遣（680人）		
2003年7月16日	イラク人道復興支援特措法成立		
2004年3月～	イラクへの陸上自衛隊部隊等派遣（550人）		

他方、日本は分断こそされなかったものの、戦争を放棄した「平和憲法」の下で軍事と国家の安全保障に多大の努力を傾注してこなかった経済重視の大国であった。日本は、国連憲章もドイツ基本法も認めている集団的自衛権について憲法上その行使が許されないとする軍事的なモラトリアム国家である。東西両ドイツの国連加盟は日本より一七年も遅い一九七三年のことであったが、そのドイツも日本も冷戦が終わるまで国連加盟国でありながらPKOにすら参加してこなかった。この間、スウェーデンやカナダなどがPKOで大きな貢献を行ってきたことに比べれば、日独は国際平和維持面での努力に関しては中程度の国連加盟国の水準にすら達していなかったといえる。

ところが、冷戦が終わってからのドイツと日本は大きく様変わりした。平和の配当を求める冷戦時代の主要プレーヤーから日独に対して、国際平和維持への参加に関する期待と圧力が一気に増大した。しかし、日独両国は湾岸危機の際には対応が間に合わず同盟内で孤立してしまった。その結果として、両国において既存の軍事的な貢献に関する制約を見直そうとする動きが出て、日本では一九九二年の国際平和協力法の成立、ドイツでは一九九四年の憲法裁判所の判決という形でそれまでの軍事貢献に関する「常識」が破られたのであった。

その後の日独両国の国連PKOやその他の国際平和活動への参加と協力にはめざましいものがあり、特にドイツはボスニア、コソヴォ、アフガニスタンの戦争を経て軍事的な貢献（要員派遣）面でも他の欧州諸国を数字の上で凌駕し、米国に次ぐ世界第二位の要員派遣国になった。分断を克服したドイツは経済面のみならず、軍事面においても「普通の国」になってしまったかのように思われる。国家と国民の意識もそれを裏付ける方向に進んでおり、二〇〇二年の連邦議会選挙に向けて策定された連立与党の社民党（SPD）の選挙綱領（Regierungsprogram 2002-2006）では次のように述べられている。

「国家の統一により、我々は国民主権を完全な形で取り戻しただけでなく、同時に国際的な連帯のための権利と義務をも回復した。我々は、普通の欧州の国（ein normales europäisches Land）になったのである。」（傍線部は筆者）

ドイツは再統一により主権を完全に回復したのみならず、国際的な権利義務関係において他の欧州諸国と同様の「普通の国」になったと明確に述べているのである。この意識が、イラク危機に際してシュレーダー首相をして「ドイツは自分のことは自分で決める」（すなわち、ドイツが国益と考えることを実行する上で何ら制約がない）、「ドイツの道」を歩むのだと言わせ、米国の対イラク攻撃を批判しドイツの対米支援とイラク復興支援への参加を明確に否定する事態に至ったのである。

片や、日本はどうか。日本でも湾岸戦争を機に「普通の国」への道を歩む必要性が議論され、現在PKOは勿論、限られた範囲と条件付きではあるが米国等のテロに対する軍事的な活動を海外で後方支援できるまでに至っている。テロに対する戦いのほかに、核開発とミサイル、拉致問題を抱えた北朝鮮の脅威が存在する日本周辺において、日本の平和及び安全に重要な影響を与える事態が発生した場合、一定の地域（後方地域）において米軍を支援することが法律的に可能となっている（周辺事態安全確保法）。しかし、日本の軍事面での国際協力はドイツに比べればまだ限定されたものであり、集団的自衛権の行使を認めていないと解釈されてきた憲法の厳しい制約をどうクリアするか、憲法改正の是非も含めなお議論が行われている状態である。このように日本の場合、現状では「普通の国」への道はまだ半ばであり、ドイツと日本の間に一定の距離が存在している。ドイツのように日本は「普通のアジアの国」とはまだ言えないのが現状である。

集団的自衛権というエニグマ

世界でもユニークな戦争放棄を規定する日本国憲法第九条は、戦後日本の平和国家のイメージを定着させる上で外交面でも大きな役割を果たしてきたが、同時に今日、日本が国際の平和と安全のために行う軍事的な協力に関する大きな制約要因となっている。日本国憲法は、それに先立つ一年前の一九四五年に成立した国連憲章とほぼ同様の思想に立脚していると考えられるが、国連憲章第五一条で認められている個別的および集団的自衛権に関する規定は存在しない。憲法解釈としては、日本は個別的自衛権は持っているし行使もできるが、集団的自衛権は国際法上は持っているものの、憲法上行使できないものとされてきている。これがエニグマ（謎）と言われる所以である。

これに対し、ドイツは基本法第二四条二項において「ドイツは相互集団安全保障制度に加盟することができる」と規定されており、これに基づき集団防衛組織であるＮＡＴＯに加盟し、当然のことながら国際法上も基本法（憲法）上も集団的自衛権を行使できる。日本とドイツには安全保障の手段に関し根本において大きな相違が存在する。この点が日独の国際危機管理への対応を考える上での本質

紛争解決の概念

集団安全保障			自衛権/人道的介入	
非強制	憲章6章	予防外交/preventive diplomacy 平和創造/peace making （紛争の平和的解決） 平和構築/peace building		
非強制	6章半	PKO/peace keeping		
強制	7章	拡大 PKO 経済制裁 平和執行 平和支援 多国籍軍 国連軍 （平和執行・平和支援・多国籍軍・国連軍：peace enforcement）	武力行使	個別的 集団的 （個別的・集団的：自衛権 self-defense） （先制的自衛） 人道的介入 humanitarian intervention

的な違いである。冷戦中はNATOの集団的自衛権も発動されることはなく日独の差が顕在化しなかったが、冷戦終焉以降はこの違いが明確に出てきている。

日独のアプローチの比較

日独の国際危機管理への対応の違いは、憲法上の規定の差のほかに国情、制度上の差異に根ざすものもある。湾岸戦争以降の一〇数年間に両国が辿ったプロセスを比較すれば、その差が明らかになり興味深い（日独の平和のための貢献に関する時系列的な比較は別表参照）。

通常、ドイツは法律重視（リ

紛争解決のメカニズム（日独比較）

	日　本	ドイツ
紛争予防	○	○
紛争の平和的解決	○	○
PKO	○	○
平和構築	○	○
憲章７章のPKO	△	○
平和執行	×	○
多国籍軍	△	○
人道的介入	×	○
自国民救出活動	△	○
国連軍	?	○

○＝可能　×＝不可能　△＝一部可能

ーガリズム）かつ演繹的であり、日本は政治的（ポリティシズム）かつ帰納的と思われがちだが、ＰＫＯ等への対応は日独のイメージが入れ替わっていることが注目される。湾岸戦争直後、日本では憲法の枠内でＰＫＯを含めて何ができるか国会で真剣な議論が行われ何度も法案が提出されては廃案になったが、その結果、足掛け二年を経て「国際平和協力法」と呼ばれる法律が成立した。その後、米国の九・一一テロ後はテロ対策特別措置法を制定し、またイラク戦争に際しては、イラク人道復興支援特別措置法も成立させるなど日本のアプローチはリーガリズムに根ざす演繹的なアプローチとなっている。

ドイツの湾岸危機後の当初のアプローチは日本と同様であり、コール首相のＣＤＵ／ＣＳＵ（キリスト教民主・社会同盟）とＦＤＰ

（自由民主党）の連立政権は、連邦軍を安保理決議に基づくPKOや平和強制行動への参加のみならず、集団的自衛権行使の目的でもNATO域外に派遣できるよう基本法を改正しようとした。しかし、地域紛争の多発とそれへの対応が性急に求められたため基本法改正のプロセスを断念し、アドリア海への海軍艦船の派遣、ボスニア・ヘルツェゴビナ上空の空域監視のための早期警戒AWACS機の派遣、ソマリアのPKOへの歩兵部隊の派遣等言わばなしくずし的に連邦軍を派遣した。

これに対して、当時野党のSPD（社民党）および連立与党の一翼を担っていたFDPまでもがこれらのドイツ政府の措置の合憲性を争うために、連邦憲法裁判所に違憲訴訟を提起した。これに対して連邦憲法裁判所は、一九九四年七月一二日、三件とも合憲と判示した。その理由として判決は「基本法第二四条二項は、ドイツは相互集団安全保障制度に参加できると規定しているが、これは当然にそのような制度への参加に伴って生じる任務の履行とその制度の枠内で行われる連邦軍の出動のための憲法上の根拠を提供している」と述べている。そして、連邦軍を出動させる条件として「武装した部隊を出動させるためには、原則として事前に連邦議会の同意が必要である」と判示した。

このように、ドイツでは連邦議会で憲法的議論を行うことなく、また法律を作るわけでもなく、司法的判断で問題がすべて解決してしまった。その結果、国連やNATOの枠内で行われるPKOはもとより、平和執行、多国籍軍的な活動に武装した連邦軍を派遣するためには、連邦議会の過半数の同意さえあればよいことになったのである。立法的議論を経ないで結論が出たという意味では、ドイツはリーガリスティックではなく、政治的（ポリティシズム）ないしは司法的（judicial）なアプローチであり、また、連邦軍派遣の実績の積み上げ（既成事実先行）という意味で帰納的なアプローチである。連邦議会の過半数による同意が必要という要件は、政府にとって必ずしも容易でない場合もあろうが（九・一一後の国際テロリズムとの戦い、すなわち「不朽の自由」作戦への連邦軍の派遣の際に、シュレーダー首相は自らへの信任をかけて議会の承認を得た）、日本のようにその都度法律を作る作業に比べればそれほどではないかもしれない。日本の対応は、危機が起こるたびに憲法の許容する範囲内で何とか「すき間」を見つけて立法作業を行うというリーガリスティックなアプローチであり、ドイツのそれは議会の多数派工作をどうするかというポリティシズム的対応という対照的な違いが出てきている。国際危機管理における日本とドイツの対応の可能性の比較については、別表を参照されたい。

「日本の道」はどこに向かうのか

すでに述べたとおり、日本が国際危機管理への本格的な貢献を行うには憲法第九条という乗り越えなければならない大きな制約がある。憲法改正は容易なことではなく、現実的にはこの厳しい制約の中で、憲法の「すき間」を探して新たな法律を制定することにより対応の枠を拡大してきている。

日本が行う国際危機管理への貢献はＰＫＯに限られず、日本の周辺事態や国際的なテロとの戦いにおける米軍等に対する限定的な後方支援、さらには自衛隊による独自の人道復興支援を行い得るまでに進展してきていることは一〇年前に比べれば隔世の事態である。しかし、集団的自衛権の行使を認めていないと解釈されてきた憲法の下で行われる活動としては、すでに限界に達しているといってもよい。日本もドイツの連邦憲法裁判所が行ったような憲法の新たな解釈の提示か、憲法改正かあるいは安全保障基本法等の制定等による何らかのブレーク・スルーが必要な状態に立ち至りつつあると思われるが、この点については本書の別のところで論じる。

ところで、日本においても北朝鮮の核開発やミサイル発射、工作船による日本侵入等日本周辺における様々な脅威に備え、ようやく武力攻撃事態対処法等の緊急事態法制が整備された。ドイツでは六〇年代後半に非常事態法が整備され（一九六八年の基本法の改正による緊急事態関連の規定の整備）、国家と国民を保護する体制が整っていたのに比べて遅きに失したが、逆に言えば今日の東アジアにおける安全保障環境は欧州に比べてそれほどまでに緊張しているということである。比喩的ではあるが、現在日本がおかれた状況は一九八〇年代後半にソ連のＳＳ－２０という中距離核ミサイル（ＩＮＦ）に対抗して、米国がパーシング・ミサイルやＧＬＣＭ（地上発射巡航ミサイル）等のＩＮＦを対抗配備し（ＮＡＴＯの二重決定）、これではドイツが核の戦場になるとして「ユーロシマ（Eurosima）」運動が巻き起こったあの頃の欧州に似ているといえば、ドイツ人には理解しやすいのではなかろうか。

米国の政治学者ケーガン（Robert Kagan）が、二〇〇三年に発表した論文“Power and Weakness”や著書“Of Paradise and Power”の中でも論じているように、米国と欧州の間の脅威認識には天と地ほどの大きな違いがあるが、これは東アジアと欧州の間でもあてはまる。ケーガンによればヨーロッパは今日ほど平和な時代はなく、カント（Immanuel Kant）のいう「永久平和」が達成されつつあるが、欧州以外の世界を取り巻く環境はホッブズ（Thomas Hobbes）の主張するようなリヴァイアサン的な世界（万人の万人に対する闘い）であり、米国はこの『カント的世界』を守るために「ホッブズ的世界」の論理に従って軍事行動を行っているというのである。

ドイツはこのカント的世界の中心にあって、米国のイラクへの軍事行動を批判する旗振り役を担った。これは、安全保障環境が異なるドイツはもはや米国に追従せず、軍事的な貢献を行うか否かはその都度他の欧州諸国（特にフランス）とともに是々非々で決めるというドイツ外交の対米自立の道である。もっとも、その場合でもドイツの単独行動はあり得ず、あくまで欧州の枠内で他の国とともに行動するというタガははまったままである。これがシュレーダー首相の言う「ドイツの道」（「欧州の普通の国」路線）であると理解する。

不幸にもホッブズ的な世界にいる日本としてはどのような「日本の道」を歩むべきなのか。ドイツのように集団的自衛権も行使できる「アジアの普通の国」への道をより一歩大きく踏み出すことができればそれにこしたことはないが、アジアはまだ欧州ではない。現在のアジアの政治状況を見るにホッブズ的世界が展開していることを認めざるを得ず、そのような状況の中でドイツのように対米関係を相対化して、是々非々の立場で「日本の道」を歩むことは決して賢明な選択ではないであろう。核兵器を持たず武器輸出も行っていない、世界で唯一の被爆国日本がとる道は性急な「ドイツの道」のようなものではない。そして、今の日本にはまだ共に手を携えて歩むアジアの盟友が存在しておらず、アジアにおける真の和解の達成は今世紀の重い課題となっている。

当面日本が歩む道は、アジアの平和と安定ならびに繁栄のために核とテロの危険を日、米、中、韓が手を組んで除去し、アジアにおける安全保障に関する共同体意識をASAN等地域の国々と共に長期的に作り出していくことであろう。また日本独自の役割としては、世界のどこであれ二度と核の惨禍が繰り返されないように外交努力を強化するということがある。冷戦時代のような軍事面でのモラトリアム（猶予）はドイツも日本ももはや許されないのは明白であるので、日本の憲法上の制約をできるだけ早く解消し、普通の国連加盟国であればできるような協力を行うためにも、国連憲章や国際法の常識に合致した解決策を見出すべきであると考える。

「ドイツの道」は決してドイツの一人歩きを意味するものではない。統合欧州の中でドイツの国益を守り、自己主張を行おうとする「欧州のドイツ」路線である。これと同様に日本の一人歩きもないであろう。日米同盟とアジア諸国との協調の双方を常に念頭に置きながら、カント的アジア世界の到来を夢見つつ、二一世紀の現実のホッブズ的世界をどう生きていくか、そのためには今後の日本にはこれまで以上に軍事とナショナリズムを理性的に抑制するバランス感覚が必要とされている。この平衡感覚こそが「日本の道」の王道ではあるまいか。

二　コソヴォ危機とG８の知恵

プロローグ

一三八九年六月一五日にセルビア王国がオスマン・トルコに敗れた「コソヴォの戦い」以来、五二三年間セルビア人はオスマン・トルコの支配下に入った。その後、コソヴォは一九一三年の第一次バルカン戦争の終結とともにセルビアの領有するところとなり、現在に至っている。コソヴォは、セルビア人にとっては魂の故郷として忘れ得ぬ地である。一九九二年の旧ユーゴ解体後も自治州であったコソヴォの混乱はボスニア紛争の影に隠れて顕在化しなかったが、コソヴォ問題が先鋭化したのは、一九九八年二月のセルビアの治安部隊によるコソヴォ解放軍（ＵＣＫ）の掃討作戦以降のことであった。

その後コソヴォにおける民族の弾圧、民族浄化への欧米の批判が高まり、安保理も対ユーゴ武器輸出禁止決議を採択し、ミロシェヴイッチ（Slobodan Milosevic）政権に対する圧力を強化していった。ＵＣＫとセルビア治安部隊との間で大規模な戦闘が繰り返され、二〇万人以上の難民・避難民が発生するようになり、一九九八年九月と一九九九年一月にはアルバニア人の集団虐殺死体が発見されるなどして、欧米諸国のセルビア非難は最高潮に達した。

そのような中で一九九九年初頭には、「コンタクト・グループ」と呼ばれる米、露、英、仏、独、伊の六ヵ国の仲介による和平交渉がフランスのランブイエ（二月六～二三日）及びパリ（三月一五～一九日）で行われたが合意に至らず、国際社会も万策尽きてユーゴに対する空爆の開始となった。一九九九年三月二四日から始まった空爆は、六月二〇日にNATOが終了宣言を行うまで約三ヵ月間続いたが、その間にもセルビアによる弾圧、報復等で一時は八〇万人以上のアルバニア系住民が国外に難民として流出し、また多数の国内避難民が発生した。

以下にコソヴォ危機がどのようにして解決されていったのか、国際危機を収束させるために外交はどう動いたのかについてそのプロセスを再現し、そこから教訓を汲み取ってみたい。当時、筆者はドイツのボンに勤務しこの和平のプロセスを体験したが、そのような経験も混じえつつ国際的な危機において外交が勝利をおさめた国際政治のドラマの一部を紹介したい。

それはドレスデンから始まった

一九九九年三月二四日に開始されたNATOのユーゴへの空爆は当初の目論見からはずれ、ユーゴ側は容易に屈服せず長期化が避けられない状況になった。

空爆開始後一〇日を経た四月五日の時点で、コソヴォから国外に流出した難民数はすでに約四〇万人に達する等、難民の大量流出は空爆を支持するNATO各国の国民の間にも衝撃をもって受け止められた。その後、軍事目標以外の施設に誤爆（NATO用語ではcollateral damage：随伴損害と呼ぶ）

が及び始めてからは空爆参加国内の反戦・平和グループや環境政党からの突き上げもあり、平和的な手段による問題解決の必要性が唱えられるようになった。

三月三〇日には、プリマコフ（Yevgeny Primakov）ロシア首相がミロシェヴィッチ・ユーゴ大統領と会談したが、NATOの空爆停止が先決であるとする同大統領の立場はNATO側の受け入れるところとならず、政治的な解決の糸口が全く見出せない状況となっていた。この直後からロシアはG8（主要国首脳会議）プロセスを活用して打開を図ることを提案したが、折からG8議長国をつとめるドイツのフィッシャー（Joschka Fischer）外相がこの提案に呼応し、それ以降G8での和平案模索のプロセスが開始されていった。

ロシアの協力なしにはミロシェヴィッチ大統領を動かすことができないことは明白であり、ドイツはむしろこのロシアの提案を渡りに船とばかり活用することとした。コンタクト・グループも国連安保理も動かない状況の下では、G8しか道は残されていなかった。四月九〜一〇日にかけてドレスデンで行われたG8政務局長会合においてドイツは迅速に行動し、G8外相緊急会合用の議論のたたき台が作成された。かくして、コソヴォ紛争という戦争と平和の問題がはじめてG8で解決されることになる第一歩がドレスデンにおいて踏み出された。

G8外相の七項目合意

G8議長国ドイツは、一九九九年五月六日に急遽ボン郊外のペータースベルク迎賓館においてコソヴォに関するG8外相会合を召集した。折から、日本の高村外相はマケドニア及びウズベキスタンを訪問中であったが、急遽ボンに駆け付けて会合に出席した。日本にとって、G8の政治プロセスに参加し問題解決のための共通ポジションを作り上げていくことは国際危機管理への主体的な参加を意味し、その後の日本の各種協力を行う上でも重要なステップとなるものであった。

また、ロシアを孤立させず関与させていく上でもG8は重要であり、更にその共通ポジションを基に安保理決議が作成されることになれば最終的には国連も傷つかなくて済むことからも、各国は積極的に討議に参加した。その結果、次の七項目からなる「G8外相会合の結論に関する議長声明」が発表され、ミロシェヴィッチ大統領に受容させることのできる和平案の作成に向け大きく一歩を踏み出したとの安堵感が関係者の間に漂った。

①コソヴォにおける暴力、抑圧の終了、②軍、警察及び準軍事組織の撤退、③国連によって承認、採択される国際的文民及び安全保障プレゼンス（international civil and security presences）の展開、④安保理によって決定されるべきコソヴォ暫定統治機構の設立、⑤すべての難民及び避難民の帰還、⑥ユーゴ（FRY）の主権と領土的一体性を考慮しつつ、コソヴォに実質的な自治を付与する暫定的な政治合意の成立に向けてのプロセス、⑦地域の経済発展と安定化に向けた包括的アプローチ

中国大使館爆撃事件

ハプニングというものは起こるものである。しかも、それは考え得る限り最悪のタイミングで起きた。G8外相が七項目で合意し、和平プロセスに展望が開かれたまさにその翌日（五月七日）に、ベオグラードの中国大使館がNATOによるミサイル攻撃を受け建物が破壊され、死者二人、重軽傷者数人を出す惨事が起きた。

北京では米国大使館等に向け市民、学生の大規模な抗議行動が起き、中国政府は米国政府に公の謝罪、事実の調査、調査結果の公表、責任者の処罰を要求するとともに、NATOの空爆の即時停止を求め、これが満たされない限り安保理が政治的解決に関し議論をすることは不可能と表明した。これ以降、中国はコソヴォ和平プロセスの行方を左右する鍵を握る存在となったが、G8としては追加的な重荷を背負うことになり、何とも悪い巡り合せとなった。

この爆撃についてはいまだ真相が十分に解明されていないが、単純な人為的なミス説（一九九六年新たに建設された中国大使館の場所にかつてセルビアの武器庫があったが、新中国大使館が市販の地図に載っていなかったため、誤って攻撃目標としてコンピューターにインプットされた）から、故意説（中国大使館が電子情報を含む情報をセルビア側に提供し、セルビア側はその見返りに撃墜した一機の米ステルス戦闘機の機体の一部を中国に提供していた）まで諸説ある。

G8議長国のドイツのシュレーダー首相は、五月一二日、以前から予定されていた中国訪問を中国大使館爆撃に対するNATOとしての釈明の旅とし、中国側に理解を求めた。米国はクリントン大統領自ら謝罪を表明し、標的の誤認であったと説明するとともに遺族及び建物への補償を行うとし、これで一応中国の怒りは収まった。

G8外相が安保理決議案を起草

その後、アハティサーリ（Martti Ahatisaari）フィンランド大統領及びチェルノムイルジン（Viktor Chernomyrdin）ロシア大統領特使による説得が効を奏し、六月三日、ミロシェヴィッチ大統領は七項目の受諾表明を行った。これを受けて六月七、八日の両日、ドイツのボンとケルンで開催されたG8緊急外相会議は、コソヴォ危機の終結をもたらすこととなる和平案を完成させた歴史的な会議であった。史上初めてG8で安保理決議案を作るという前代未聞の出来事であった。この時ほどG8が地域紛争の解決において決定的な役割を果たしたことはなく、また安保理のメンバーでない日本にとっても重要な政治的決定プロセスに参加したという意味でG8メンバーであることの意義を再認識した日でもあった。

六月七日午後一時からライン河をはさんだボンの対岸のペータースベルク迎賓館において開かれたG8外相会合（高村外相は日程の都合で参加できず、久米邦貞駐独大使が代理出席）は、午後九時頃まで延々八時間にわたって行われた。それはG8の外相自らが安保理決議案をパラグラフ毎に議論するというまれな光景であった。八時間の長丁場にも拘わらず、何点か調整を必要とする箇所を残し、翌日午前一〇時半にケルンのギュルツェニヒという古い公会堂（ケルン・サミット外相会議の会場に予定されていた）に参集することで散会となった。

残された問題のうち主なものは、和平達成後にコソヴォに駐留する「国際安全保障プレゼンス」の構成や指揮権（NATOによる統合指揮）、ユーゴ連邦軍の撤退の規模、国連憲章第七章のマンデートが必要とされる範囲、空爆の停止が先か安保理決議の採択が先かといったシークェンス（時系列）の

G8緊急外相会合で合意されたコソヴォに関する安保理決議案（要点）

(1) 第1に、コソヴォを含むこの地域の状況は国際の平和と安全に対する脅威であり、それ故国連には、国連憲章第7章に基づく強制行動をとる権限が付与されていること。

(2) 第2に、ユーゴ（FRY）は、早急なタイムテーブルで全ての軍、警察及びパラミリタリーをコソヴォから撤退させること。

(3) 第3に、コソヴォ紛争の政治的解決は、5月6日のG8外相声明及び6月3日にミロシェヴィッチ大統領が受け入れを表明した和平案に基づいて行われること（従って、FRYの主権と領土的一体性を考慮した上で、コソヴオには独立は認められず、実質的な自治が認められるのみ）。

(4) 第4に、国連事務総長に国際文民プレゼンス（UNMIK＝国連コソヴォミッション）を設置する権限を付与すること。この文民プレゼンスの任務は、コソヴォ紛争の最終的な解決までの間、実質的な自治の実施及び自治機構の設置、コソヴォの将来の地位を決定するための政治的なプロセスの促進、インフラ再建、経済復興の支援、国際警察要員の展開による法秩序の指揮、人権の保護、難民の帰還の確保などである。

(5) 第5に、必要なすべての手段（すなわち強制的措置）をとることのできる国際安全保障プレゼンス（KFOR＝コソヴォ部隊）を創設すること。このプレゼンスの任務は、①停戦の維持及び強制、②コソヴォ解放軍（KLA）の武装解除、③難民帰還と人道援助を可能とする安全な環境の創設、④公共の安全と秩序の確保、⑤地雷除去の監督、⑥国境監視などである。

(6) 第6に、旧ユーゴ国際刑事裁判所に対し全当事者が協力すること。

(7) 第7に、コソヴォ支援国会合の早期開催を含むこの地域の経済発展と安定のための包括的アプローチである。（因みに、このコソヴォ支援国会合の早期開催のアイデアは日本が提案したものである。）

問題等であった。翌八日午前から午後にかけてケルンで再開された会合においては、主としてロシアが留保していた前述の問題点について妥協が得られ、史上初のG8による安保理決議案に合意した。この安保理決議案の骨子は別表のとおりである。

シークェンスという難問

この外相会合で解決すべき重要な問題点は、時系列（シークェンス）の問題であった。北朝鮮の核問題でも核計画の放棄が先か北朝鮮への安全保障が先かということが議論されているように、どのような紛争収拾プロセスでも当事者にとって最も重要なのは手順と「面子」の問題である。

コソヴォ問題では、「安保理決議案の作成」、「空爆の停止」、「FRY軍の撤退」、「決議案の採択」、「国際安全保障プレゼンスの展開」という五つの要素をどの順番で実施するかの問題であった。ロシアは、安保理決議採択とFRY軍の撤退の前に空爆の停止が必要と主張し、FRY軍の撤退が先であるとして空爆カードを保持しておきたい欧米諸国と対立していたが、種々議論の末、これらの要素がほぼ同時に実施されると観念される時系列案に合意をみた（時系列図を参照）。

このようにして、「空爆の一時停止」とその「最終的な終了」、安保理決議案の「確定」と「採択」、ならびにFRY軍の「撤退開始」と「撤退終了」、という重要なステップをそれぞれ二段階に分け、因数分解された要素をたくみに組み合わせ、あとは一気通貫で行うこととした。ほぼ同時実現と観念させる高等テクニックが駆使されたのには、国際政治の駆け引きの妙味を見せられる思いであった。

コソォヴォ和平案のシーケンス（時系列）

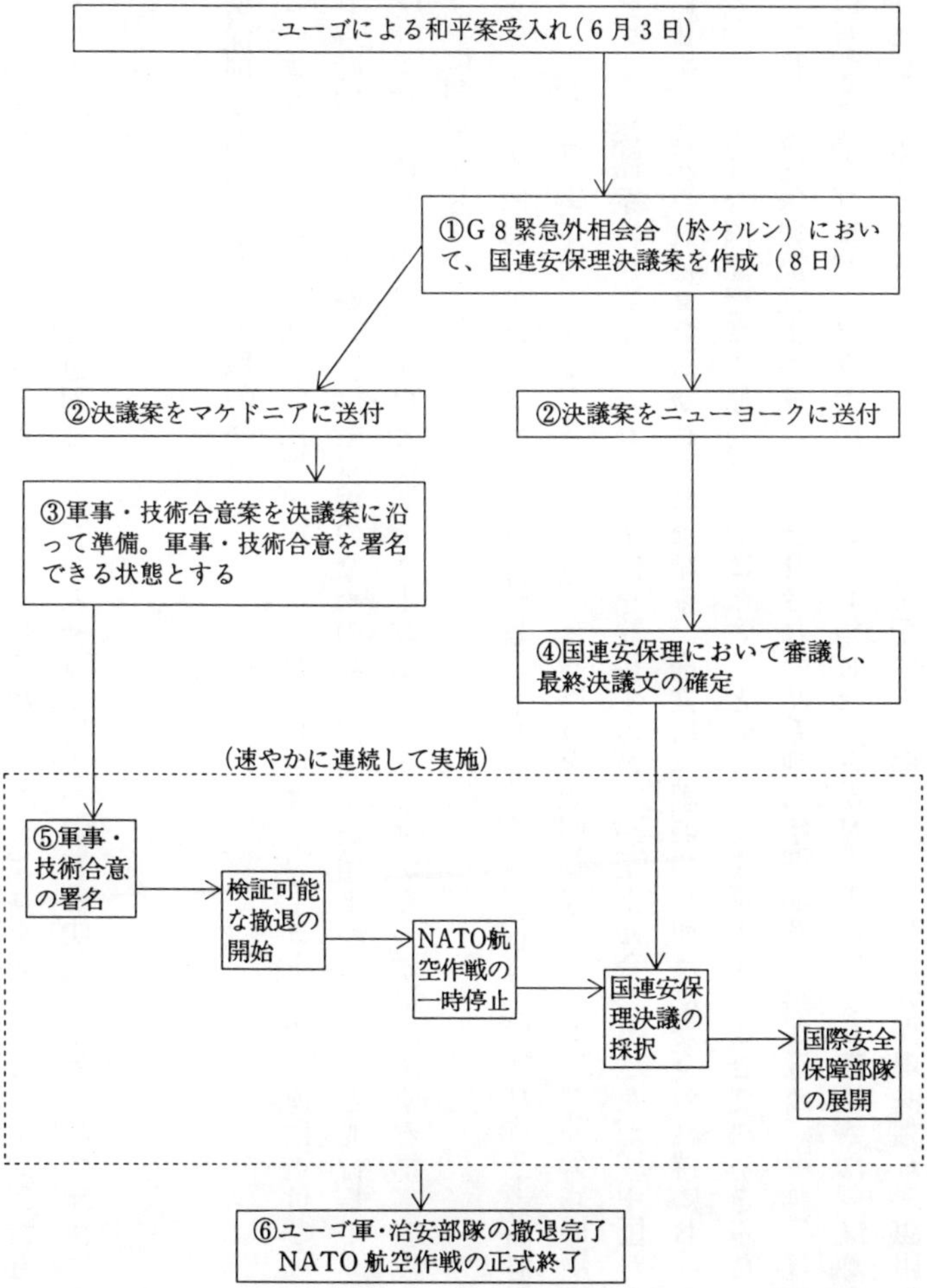
ユーゴによる和平案受入れ（６月３日）
①Ｇ８緊急外相会合（於ケルン）において、国連安保理決議案を作成（８日）
②決議案をマケドニアに送付
②決議案をニューヨークに送付
③軍事・技術合意案を決議案に沿って準備。軍事・技術合意を署名できる状態とする
④国連安保理において審議し、最終決議文の確定
（速やかに連続して実施）
⑤軍事・技術合意の署名
検証可能な撤退の開始
NATO航空作戦の一時停止
国連安保理決議の採択
国際安全保障部隊の展開
⑥ユーゴ軍・治安部隊の撤退完了
NATO航空作戦の正式終了

（外務省中・東欧課作成）

五つの要素をすべて満足させる連立方程式を編み出す、このような知恵がよく出てきたものと感心させられるとともに、危機に直面した外交がみせる土壇場の叡智と決断の結晶として記憶にとどめておいて然るべきである。

安保理決議の採択と危機の終息

このようにして作成された安保理決議案は六月八日中にニューヨークの国連に送付され、安保理では日本時間の九日未明から決議案審議のための非公式協議が始まった。これと並行して、マケドニアのクマノヴォにおいてNATOとの間でユーゴ軍のコソヴォからの撤退に関する軍事・技術協定（MTA）に関する交渉が再開された。

ニューヨークにおいては、ドイツ（G8議長国）とオランダ（CDGと呼ばれるユーゴ問題に関する協議グループのコーディネーター）が中国に決議案の内容を説明した上で、安保理非公式協議においてオランダより決議案の提案が行われた。中国を説得することが至上命令であったが、中国からいくつかの修正案が提示され種々協議が行われた結果、前文に「国際の平和及び安全の維持における安保理の主要な責任を含む国連憲章の原則と目的に留意」という一文を挿入することで決着をみた。

その後は、安保理決議案作成の際に合意された時系列の手順通りに事が進み、翌一〇日にMTA合意に基づきユーゴ軍がコソヴォから撤退を開始したことがNATOにより確認され、ソラナNATO事務総長が空爆の一時停止を発表したことを受けて、同じく一〇日に安保理決議一二四四が採択された。結果は賛成一四、反対〇、棄権一（中国）であった。国際安全保障部隊（KFOR）は一二日には展開を開始し、二〇日にはNATOがユーゴ軍のコソヴォからの完全撤退を確認し、空爆の終了が発表された。このようにして、コソヴォ危機はNATOが空爆を開始して八九日間で終了した。

コソヴォ危機の教訓

約三ヵ月にわたり国際社会が一丸となって取組んできたコソヴォ危機は、湾岸戦争以来の最大の危機であったが、そこからいくつかの教訓が浮かび上がってくる。国際危機における協調外交の成功例としてまた外交の妙味を示すものとして以下に記しておきたい。

(1) G8の新しい役割

コソヴォ危機では安保理の出番は殆どなく、G8プロセスがこれにとって代わったことはすでに述べたとおりである。最終的には、決議一二四四が採択され安保理の面目は何とか保たれたが、常任理事国の国益が複雑に交錯する地域紛争に関する安保理の問題解決能力は限定されたものであるということが改めて証明された。G8が安保理決議を作成するということはG8プロセスにとっても初めてのことであったが、これは何を意味するのだろうか。

G8は従来より、毎年のサミットの際に外相会議の声明や重要な国際政治問題に関する首脳の宣言を作成してきた。一九九八年のインドとパキスタンの核実験に際し、G8ロンドン・サミットでこの問題について議論が行われ、その後もフォローアップが行われてきたことなどがそれである。しかし、それまでは共通の立場の確認とその実行が中心であったのが、コソヴォに関しては、Ｇ８外相会合が事実上の紛争解決の場となって安保理決議案まで策定したという稀有なケースであり、国際の平和と安全に関する安保理の機能をＧ８が一時的に代替したといえる。

それでは、コソヴォを契機にＧ８は今後とも安保理の役割を代替もしくは補完する紛争解決のフォーラムとなると見てよいのであろうか。結論から言えば、おそらくそうはならず、コソヴォはあくまで特殊な例外ケースであったと考えられる。Ｇ８には中国は参加していないが、日本とドイツという経済大国が入っている。他方、安保理には中国は入っているが、日独は常には入っていない。世界のＧＤＰの約三分の二を占めるＧ８と核兵器国であり軍事大国たるＰ５（五常任理事国）が世界政治に及ぼす影響ははかり知れないものがある。仮に将来、中国のＧ８への参加があれば、Ｇ８（あるいはＧ９）は政治、経済、安全保障面で名実ともに大国クラブとなることは間違いない。

Ｇ８に中国を参加させようと提唱したのはシュレーダー・ドイツ首相であるが、これはコソヴォ危機における中国大使館誤爆事件でＮＡＴＯを代表して中国に説明を行った際の経験から、今後中国抜きには国際政治の重要問題の解決はあり得ないことを深く認識したことによるものであろう。シュレーダー首相は、その後、合計五回にわたりほぼ毎年中国を訪問しているが、経済的な動機からだけではなく国際政治において中国が果たす役割を深く認識し、多極化世界の到来に備えた行動をとろうとしているものと思われる。

中国は、二〇〇三年のG8エヴィアン・サミット（仏）に初めて途上国代表の一人としてG8との対話に参加した。将来、中国が時宜に応じG8サミットに関与する機会が増えれば、重要な国際問題についてのG8の発言力が一層高まることは間違いない。ただ、コソヴォのケースのようにG8が安保理を代替する役割を今後とも果たせるかは疑問である。

コソヴォのケースは欧州の問題であり、中国やその他の地域のメンバーが居る安保理で解決するには余りにも欧州の利害が濃厚すぎた。それに対し、G8は日本を除いていわゆる欧州・大西洋国家の集まりであり、EUやNATOの重要なメンバー国を包摂していること、逆にロシアから見た場合、日本という一味違うプレイヤーもいるEU・NATO一色の組織ではないこと、また、G8プロセスでの紛争解決にロシアが協力することにより、同国への経済支援の見返りも期待できる等様々な利害関係と政治的思惑の入り混じった形でのサミットプロセスの活用であったと思われる。

アジア正面で同様の紛争が起き安保理が機能しない場合に、中国やインド等アジアの利害関係国の入っていないG8でコソヴォ同様の安保理代替機能が果たせるかについては、懐疑的にならざるを得ない。正統性の観点からも、中国やインドがG8にそのような役割を容認するのは過剰期待であろうと思われる。

しかし、仮に中国がG8への関与の度合いを深めてくる場合には、G8プロセスのもつ国際協調の調達機能は強化され、ひいてはこれが安保理における審議に良い影響を及ぼすことも考えられる。民主主義や人権面での中国の対応いかんによっては、中国を加えてG9とする方向に向かうことも将来ありえない選択肢ではない。安保理での拒否権行使の可能性をちらつかせる仏、露、中の行動に辟易していると見られる米国と逆に米国の一極支配的世界秩序に不満を有するこれらの国々を協調に導く場としてのG8の再構築は興味ある課題となるものと思われる。

なお、コソヴォを契機に、安保理が拒否権（実際には行使しないが、行使することを示唆することで似たような効果をもつ、いわゆるポケット・ヴィートーを含む）の問題で地域紛争の解決に限界があることが露呈した（その後、二〇〇三年のイラクへの武力行使の是非をめぐって更にその疑問が拡大した）。常任理事国候補と言われる日本やドイツが入っているG8がコソヴォ問題で脚光を浴びたことにより、逆説的ではあるが安保理改革の必要性が世界中に認識されるようになったとすれば、この点は国連の将来にとって必ずしも悪くない効果をもたらすものであったと言えよう。

(2)　関与政策の重要性

コソヴォ危機の和平案作成に至る過程でG8のメンバーが最も配慮したのはロシアを孤立させてはならず、ロシアを関与させ続け役割を果たさせるということであった。ミロシェヴィッチ大統領を最終的に説得することはロシアの手助けなしにはできるものではなく、ロシアを仲介者の一人とすることが至上命題であった。バルカン地域が不安定になり力の真空状態が生じることは、欧米諸国は勿論、ロシアにとってもいかなる利益をもたらすものではないため、問題解決の必要性はロシアにとっても最重要のプライオリティであった。

また、前述のとおり、ロシア・サイドには他のG8各国から見返りの対ロ支援が期待し得るとの計算も働いたものと思われる。冷戦終焉後の世界が米国の一極支配となることを恐れ、ロシアと中国はことある毎に「多極化世界」の必要性を強調している。多発する地域紛争の解決にロシアを関与させ、積極的な役割を演じさせることは大国ロシアの面目を保つことにもつながり、ロシアの孤立化とナショナリズムの高揚を阻止する上でも重要なことと思われる。このことは北朝鮮をめぐる六者協議にも当てはまることであるが、ユーラシア大陸における平和と安定の問題にロシアを関与させ孤立させないことが、当面の米国の一極支配的世界秩序においては特別の意味をもっていると思われる。

(3)「職業としての政治」のリーダーシップ

かつて、英国のチャーチル首相は、オックスフォード大学かケンブリッジ大学かの卒業式で、“Never, never and never give up”と一言だけ祝辞を送った話は有名である。世界政治に責任のある国の首相や外相があきらめず懸命に取組む場合、解決困難な国際問題はないという好例がコソヴォのケースである。

すでに述べた通り、ドイツのフィッシャー外相にとっては、コソヴォ問題の平和的解決はEUとG8の議長国の外相としてのみならず、自らの政治的信条及び平和・環境政党である「緑の党」の代表格たる政治家としての存在価値が問われるものであった。それ故、独外務省内にいち早くタスクフォースを設置し、G8プロセスの活用や南東欧安定協定のアイデア策定、G8外相会合でのリーダーシップの発揮等構想力と行動力の両面で政治家として持てる力を振り絞って外交をリードした。また、シュレーダー首相も中国大使館空爆事件で中国を訪れ釈明するなど、懸命に動き回った。

コソヴォ危機下のドイツ政治は、政治家が危機を克服しようと強い意識を持ち、リーダーシップを発揮して行動することによってのみ紛争解決がもたらされることを見事に見せてくれた。このような政治のリーダーシップはドイツに限らない。イギリスのクック外相、フランスのヴェドリーヌ外相そしてロシアのイワノフ外相も含めて皆、職業政治家らしい責任感覚を示した。アハティサーリ・フィンランド大統領、チェルノムイルジン・ロシア特使の仲介工作も練達の政治家ならではの腕前であり、まさに危機がこれらの政治家の登場を促したのであろうが、政治家はまた危機によって作られることが再認識された。

首相や外務大臣がリーダーシップを取るためには、「職業としての政治家」として行動することが重要であり、政治家は政治生命をかけて自国と世界のために危機管理を行う責務がある。マックス・ヴェーバー（Max Weber）の言う「心情倫理（Gesinnungsethik）」すなわち情熱だけがあり、「責任倫理（Verantwortungsethik）」すなわち結果を引き受ける覚悟のない政治家には問題解決能力はなく、そのようなことを期待するのも酷である。危機管理はすべからく、政治家が本気になって「責任倫理」に従って行動する場合にのみ成功することはコソヴォの例が教えるところである。そして、「現実の世の中がどんなに愚かであり卑俗であっても、断じて挫けない人間。どんな事態に直面しても『それにもかかわらず（dennoch）』と言い切る自信のある人間」（マックス・ヴェーバー『職業としての政治』脇　圭平訳、岩波文庫、一九九九年、一〇五―一〇六頁）がコソヴォ問題の解決に際しては存在していた。

(4)　独裁には宥和しない外交

コソヴォ危機は当初は紛争の平和的な解決が失敗し、武力行使（人道介入）に至らざるを得なかった例であったが、紛争収拾の段階において国際協調による外交的な努力が実った貴重なケースである。また、コソヴォはボスニア紛争と同様、結果として米国の外交・軍事両面での支援なしには解決することができなかったため、欧州諸国に自らの問題を自らの手で解決できるか否かを深く問いかける契機ともなった。

近年、欧州は政治面でも統合が進展し、EUの安全保障と軍事面での機能を向上させるために、共通外交安全保障政策（CFSP）面での政策調整の強化、五～六万人規模の欧州緊急対応部隊の創設等欧州安保防衛政策の制度面での整備を図っている。NATOとの関係に配慮しつつも、欧州の危機管理は欧州自らの手で行うことが欧州統合の究極の目標であるが、コソヴォ危機はこれに向かって更に一歩大きく踏み出すきっかけを与えたと言える。

欧州最後の独裁者の一人と言われたミロシェヴィッチ大統領に対して、国際社会はコソヴォのアルバニア系住民への虐待を阻止するため軍事力を行使せざるを得なかった。しかしながら、大国の協調によって国際世論が一つの声にまとまり、軍事力を背景とする関係諸国の真剣な外交努力が行われた場合、独裁者といえども交渉を通じた解決に応じざるを得ないことが示された貴重な例である。

欧州諸国は、民主主義と人権という共通の言語を理解しない独裁者には、宥和政策（appeasement）は禁物であることを古くはチェンバレンによる宥和の失敗と近くはこのコソヴォのケースから学んだはずであった。にもかかわらず、その後のイラクのケースでは欧州の意見が割れ、米、英の武力介入が行われるまで独裁者フセイン大統領に対する宥和を許してしまった。これでは国際社会は、独裁者に宥和は通用しないとの教訓からまだ十分に学んでいないと言われても仕方がないであろう。国際社会がひとつの声で一丸となって政治的圧力をかけたコソヴォ紛争の終結のドラマを鏡として、教訓を深くかみしめるべきであると思われる。この点ついては、次節のイラクのところで取り上げる。

エピソード

余談になるが、二日間のG8緊急外相会合を通じ、筆者自身が実際に見聞したコソヴォ和平交渉にまつわるエピソードをいくつか紹介しておきたい。

その一は、外相会合の席での携帯電話の話である。初日の長時間の会合を経てなお残った数項目について、イワノフ外相は各国外相からその日の内に決着をつけるよう迫られ窮していた。同外相は午後八時半頃（モスクワ時間午後一〇時半）、満場の見守る中、仕方なく会場から携帯電話でクレムリンに電話連絡をとり、エリツィン大統領の了承を求めようとした。結局エリツィン大統領は就寝していたのか連絡がつかなかったようであるが、携帯電話を持つ便利さと交渉者にとって時間稼ぎができない不便さがこのような形で同居していた。

その二は、外務大臣の移動手段として専用航空機が活躍したことである。第一日目の会議は夜九時過ぎに終了し、翌朝午前一〇時半にケルンで再開することになった。当然各国の外相はボンで宿泊するものと思っていたところ、イギリスとフランスの外相はその日の内に自国に帰り（筆者がクック外相より直接聞いたところでは、選挙区のことで用事があって本国に帰る必要があったが、外相として使用可能な四機の航空機の内で最も小さなコミューター型の航空機を使用した由）、翌朝一〇時半前にはケルンの会場に再び現れていたのには驚いた。このような光景はEU関係の会議ではしばしば見られるのであろうが、新幹線で東京と大阪を往復する感覚でのG8外相会議への参加であった。

その三は、外務大臣自らが安保理決議案の細かな文言を議論し、ドラフティングしたことである。議長を務めたフィッシャー独外相は独・英の同時通訳、ヴェドリーヌ仏外相も仏・英の通訳を、またイワノフ外相も露・英の通訳を使っていたが、決議案の具体的な案文のやりとりはすべて英文テキストを基に行っていたので、英語が読め、理解し、話せることが必要であった。「六八年世代」の反戦の闘士で、決して英語が上手でなかったフィッシャー外相も議長として努力して英語で話し、それをクック英外相が横からサポートするというほほえましい場面もあった。いざという時に英語を使って議論ができることが外相として必要な時代に入りつつあり、危機管理上も政治家の英語能力が問われることの頃である。

その四は、食事の問題である。第一日目の昼食こそちゃんとした料理が出されたが、八時間も延々と議論をしたあとの夕食はサンドイッチ、ピザのようなものが差し入れられたのみで、食事は二の次、三の次であった。二日目のケルンでも似たようなもので、食事のためのブレイクはなく、サンドイッチまがいのものをつまみながらの長時間の外相会合は議論への集中を可能とするものであった。ＥＵの首脳会議や外相理事会でも深更まで長時間にわたり議論が行われることがよくあるが、恐らく、このような形で食事は脇に追いやられているものと思われる。それにしても、時々サンドイッチやピザをつまみに行く各国外相の肩ひじを張らない態度と根気の強さには驚くばかりであった。

三　イラク危機――パシフィズムと宥和政策の危うさ

民主主義とパシフィズム

イラクに対する武力行使の是非をめぐって米欧間及び欧州内部で深刻な対立が生じ、鉄壁の団結を誇ってきた大西洋同盟が一時的に分断され、国連安保理も大国の協調を達成できないまま米、英による武力行使が行われ外交は敗北した。このイラク危機は、欧州を中心に民主主義と人権が人類史上かつてない高みに到達しつつある民主主義国家による危機対応のあり方について大きな問題を提起している。イラク戦争を契機として、欧州に蔓延する「殺すなかれ」の平和主義と「戦争は最後の手段ではなく、最悪の手段である」という宥和的雰囲気が改めて浮き彫りにされたと思われる。

平和主義（パシフィズム）が欧州を席巻している。平和は一般大衆、市民の自然な願望であり、政治はこの市民の願望を実現するために戦争や紛争を回避し、平和的な解決に努める責務がある。これこそ民主主義の要諦であり、基本である。民主主義の制度の下では、この国民の平和願望は、通常、国民の代表を通じて政府に対して戦争や武力の行使を思いとどまらせる大きな力となる。民主主義はパシフィズムに導かれ、パシフィズムは民主主義を擁護する。米国の国際政治学者ラセットによる「民主的平和」（デモクラティック・ピース）という研究がある（Bruce Russett "Grasping The Democratic Peace," 1993. 鴨武彦訳『パックス・デモクラティア』東京大学出版会、一九九六年)。詳細は省くが、民主主義は戦争を起こしにくくし、その結果、民主主義国家は相互に戦わなくなることが経験的にも統計的にも証明されているという仮説である。このことは、ラセット以前にも様々な学者により主張されてきた。

たしかに、第二次世界大戦後、世界の多くの国が民主主義を標榜し、実際にも地球上の少なからぬ地域において民主的平和に近い状態が出現している。しかし、なお存在する独裁国家等の非民主主義国家や統治そのものが存在しない破綻国家との関係ではそのようには言えない。フォークランド紛争は、民主的平和論から言えば説明が容易でない民主主義国家間の戦争であったが、湾岸、ボスニア、コソヴォ、アフガニスタン、イラクの各戦争では民主主義国が非民主主義の独裁国家と闘ってきている。

他方で、民主主義国家はパシフィズムを基調としつつも、自らの信奉する絶対的価値観(自由、民主、人権、平等)と民主主義の根幹が脅かされる時には立ち上がって抵抗する強靭なシステムでもある。ドイツの「基本法」には抵抗権の規定がある。基本法第二〇条四項は「この秩序を排除しようと試みるいかなるものに対しても、他にこれを除去する手段がない場合には、すべてのドイツ人は抵抗する権利を持つ」と規定している。ドイツの民主主義が「闘う民主主義」と言われる所以である。

その他の多くの民主主義諸国も憲法上の規定があろうとなかろうと、根本精神としては同じであり、国王や絶対君主から奪い取った人民の権利は戦っても死守しなければならない価値観と思想を内包している。欧州連合(EU)も同様の思想に立脚しており、マーストリヒト条約とそれが発展したニース条約、そしてジスカールデスタン元フランス大統領が議長となって起草された拡大EUの憲法草案（コンヴェンション）もEUの依拠すべき価値観として自由、民主、人権、法の支配等を掲げており、これに反対する行動をとった国を制裁することができる。そのことは、すでに二〇〇〇年二月、オーストリアに極右のハイダー氏を党首に抱くオーストリア自由党が政権に参画した際に、他の加盟国から制裁に近い措置を実施されたことで実証ずみである。

為政者の判断とは

民主主義とパシフィズムを尊重し、そしていざという時には基本的な価値観を守るために抵抗する。これが現代民主主義国家を支える基本思想である。しかし、国家的な危機や民主主義の根本的な価値観を脅かす独裁者の危険が身近に存在するときに、果たしてパシフィズムで民主主義国家の存立が守れるかという問題に直面する。民主主義は戦争をするか否かを国民自らが決める制度であるから、当然の傾向として、一般国民は自己に直接の危害が及ばない限り自分または自分の子供や愛する者が戦争遂行の主体になることに反対の意思表示をするであろうし、国会やマスコミを通じて反戦運動が盛り上がるであろう。

しかし、民主主義の将来を預かる政治家や政府としては、時にはそのような民意に反しても戦争や武力行使をしなければならない必要状況が存在する。そのような例外的な状況がどのようなものかを見極めるには、冷静な情勢判断と歴史観、国際政治の大局を見誤らない判断力が必要であり、民主主義と世界平和のためにあえてパシフィズムに流されず、危険な独裁者等に対して断固とした姿勢を示す必要が出てくる。危機において真に必要とされる判断力とは、人間の行動を読みとる経験的な知恵と古今東西の歴史の理解に基づく大局的な歴史観であり、ポピュリストの大衆迎合的な政治判断であってはならない。パシフィズムとポピュリズムは容易に結びつく傾向と危険性があるが、一国の命運を託されている為政者の判断はそのようなものによって動かされてはならない。

もちろん民主主義国家である以上、究極的には民意を無視することは許されないし、結果として判断が間違っていた場合には選挙を通じて、もしくは世論により退陣を求められるのも民主主義国家の政治家として当然の宿命である。したがって、為政者は常にリスクを計算しつつ国家の命運を決する重要な判断を行う必要に迫られ、精神的にも極限の状態に陥ることがまれではない。イラク戦争の開戦を決定した、ポルトガルのアゾレス諸島における米、英、スペイン三国首脳会談における英国ブレア首相の緊張した思い詰めたような面持ちはテレビ画面ではっきりと見てとれた。

チェンバレンの失敗

イラクに対する攻撃の是非をめぐりブレア英国首相の脳裏を去来したのも、この世界的な危機における大国の指導者としての身の処し方であったと思う。世論は六〜七割が戦争反対という状況で、また党内、閣内にも反対者がでる中で、フセイン大統領の独裁と大量破壊兵器計画を放置してはならないとの強い決断を行うに至った心境は推して知るべしであるが、ブレア首相がチャーチル首相の政治哲学を学んでいると推察するのはそれほど困難ではない。

ＮＨＫのロンドン特派員であった山本浩氏の著書『決断の代償』（講談社、二〇〇四年）は、ブレア首相がイラク戦争を決断するにいたるまでのイギリス政府内部の攻防を描き出した好著であるが、その中に次のような一節がある。「パシフィスト、平和主義者ではない、という表現は、イギリスでは実によく使われる。平和主義者は平和の大切さを説くだけで、命を賭して平和のために戦う勇気を持っていない、という意味がこめられている。……イギリスの繁栄の歴史は、平和主義者を排除してきた道のりでもある。」

欧州の現代史において最も深く政治家の心に刻まれている外交の失敗例は、チェンバレン英国首相による対独宥和政策（ポリシー・オヴ・アピーズメント）であろう。一九三八年のミュンヘン協定（ナチス・ドイツにチェコのズデーテン地方を割譲することを許した英、仏、伊とドイツの協定）締結後、「わが世代の平和（peace for our time）」の到来を告げ英国に戻ってきたチェンバレン首相は、戦争の危険は遠のいたとして英国民の歓呼の声に包まれ、国民もマスコミもこぞってこの政策を支持したのである。これがパシフィズムに基づく独裁者への宥和であるが、当初はこのような独裁者への迎合と国内のパシフィズムへの迎合という二重の迎合がもてはやされた。しかし、それがその後いかなる結果をもたらしたか。生存圏（レーベンスラウム）獲得のために、ナチス・ドイツはその後も拡張政策をとり続け、ユダヤ人に対するホロコーストそして英、米、ソ連との戦争へ突入したことは改めて説明する必要はなかろう。

欧州は、このチェンバレンの宥和政策の判断ミスから少なからず教訓を学んでいる。欧州最後の独裁者の一人であったミロシェヴィッチ・旧ユーゴ大統領に対して、欧州各国とその国民はコソヴォのアルバニア系住民の大量虐殺等の圧制に反対して立ち上がり、安保理決議なしの人道的介入としての空爆が行われた。

ところが、サダム・フセインのイラクについては、世界中で反戦平和運動の嵐が起こり欧州各国も賛否両陣営に分断されたが、ブレア首相やスペインのアズナール前首相らは武力行使の道を選んだ。それは独裁者とテロリストには宥和してはならず、宥和はさらに大きな危険と災禍をもたらすとの歴史の教訓と大局的な判断に基づき、自らの政治生命をかけて行った決断であったと思われる。ただ、不幸にも開戦の大きな理由のひとつであった大量破壊兵器が発見されなかったことで、ブレア首相もブッシュ大統領も戦後は窮地に立たされた。だが、より本質的な問題は大量破壊兵器もさることながら、放置すればさらにこの独裁者によってもたらされたであろう世界平和への脅威と人道面での破局の予兆であり、このことは後世の歴史においては正しく評価されるものと思われる。

危機に直面した政治家の判断

国民の大半はパシフィストであってよい、いやむしろそれが民主主義の大きな前提ですらある。世界情勢と人間社会の複雑な状況がまだ十分に理解できない生徒、青少年や学生がイラク攻撃に反対する欧州における反戦平和運動の主体であった。学校の教師も心情的にはそのような反戦運動に理解を示し、子供たちを支援した。教師や宗教的指導者としては戦争せよ、断固として立ち上がれとはいえないであろうし、本質的には子供、母親、教師、聖職者、リベラリストは戦争を忌み嫌うものであり、本能的にあるいは立場上、平和主義者である。その立場と信条は守られ、尊重されるのが民主主義社会である。

しかしながら、一国の命運を託された為政者の判断は、時としてそのようなリベラリズムの心情とは異なるものでなければならないことが国家の真の危機に際しては要求される。冷静な判断力と歴史的な大局観で国家の向かうべき方向を決め、国民と国会とマスコミを説得しなければならない。そしてそのような判断は、政治の最高責任を託された為政者がしばしば最後は孤独の中で静かにかつ身が震える思いで下すものと言われる。

一九六二年一〇月のキューバ危機の最後の段階で、「誤報がもたらした解決」として次のような話がよく知られている。すなわち、米国のケネディ大統領がキューバ攻撃の決断をするために日曜日に教会に行くとの情報がモスクワ郊外のフルシチョフ首相の別荘に届けられ、その決断を本物と見た同首相が急遽キューバからのミサイル撤去を決断し、危機が回避されたということである（森本良男『冷戦・人と事件』サイマル出版会、一九九五年、二二一―二二三頁）。四人のジレンマゲームのような状況の中で、誤解がよい結果をもたらした幸運な例であった。興味深いのは、ケネディ大統領は日曜日に教会を訪れる敬虔なクリスチャンであったのだが、ソ連側は大統領は孤独な最後の決断をするために神に祈りに行ったと思い込んだことである。大きな決断は神のもとで孤独に行うものだということが、体制の違いを超えて最高の為政者には理解されていたということである。

国家の指導者の行う決断について、米ハーバード大学のジョセフ・S・ナイ教授は著書の中で次のように述べている。やや長くなるが引用して紹介する。

「もちろん国家の指導者たちは人間であるが、……政治家としての行動は、彼らが個人として行動した時とは異なる基準で判断されるのである。たとえば、同居人を探すとすれば、ほとんどの人は、やはり「殺すなかれ」という［聖書の］教えに忠実な人を選ぶと思うが、大統領候補が「いかなる状況においても私は人の死をもたらすような行動は絶対にしない」と言ったとすれば、この人に投票するだろうか。大統領には市民の利益保護の任務が与えられており、場合によってはその目的達成のために武力行使せざるを得ないかもしれない。大統領が自らの魂は救えたけれども市民を守ることができないとすれば、信頼に足る大統領とは言えないであろう。」（ジョセフ・S・ナイ『国際紛争　理論と歴史』有斐閣、二〇〇二年、二八―二九頁）

シュレーダー首相と左派知識人

翻って、イラク問題におけるドイツの為政者のとった行動を見るに、ことの善し悪しは別として、これまで述べてきた為政者の行動とは少し異なった雰囲気を醸し出している。シュレーダー首相が、「イラクへの武力攻撃を支持しない。ドイツはそのような武力攻撃に連邦軍を参加させることもなければ、資金協力も行うつもりはない。ドイツのことはベルリンで決める。」と言って、その後フランス、ロシアとの間で反戦平和の共通ポジションを作ってしまったことは周知の事実である。この態度は米国との間で大きなしこりとなって残り、表向きはともかく両国の指導者の完全な形での信頼関係の回復は実現していない。ジャーナリスティックに言えば、この一件以降、米国としてはロシアは許す（forgive）がドイツは無視（ignore）し、フランスは懲らしめる（punish）との基本的な立場をとってきたと言われている。

ところで、このドイツの反戦平和とパシフィズムによる宥和政策はどのようにして紡ぎだされたのであろうか。戦争か平和か、独裁国家にどう立ち向かうかという重大な問題について、「古い欧州」とラムスフェルド米国防長官に揶揄された欧州の雄であるドイツの為政者の判断が、世界政治の大局観と歴史観によらずして、また孤独な決断を経ることもなく行われたとすればやや驚きを禁じえない。

ドイツを代表する週刊新聞ディ・ツァイト（Die Zeit）紙の二〇〇三年一月二三日号は、「公然の反対にいたる長い道のり（Der lange Weg zum lauten Nein）」と題する記事を掲載している。それによれば、シュレーダー首相はマルティン・ヴァルザー（Martin Johannes Walser）やギュンター・グラス（Günter Grass）等の作家および知識人との会合をこれまでに何度か行っており、米国同時多発テロ直後に同首相が米国に「無制限の連帯（uneingeschränkte Solidarität）」を表明したことに対する国内の批判をかわすために、二〇〇一年一一月にもこのような会合を行っていたとのことである。二〇〇二年三月一三日に連邦首相府の五階で行われた作家・知識人との夕食会において、ギュンター・グラスはシュレーダー首相に、イラクへの軍事的な介入を支持しないことをドイツ国民にはっきりと言うべきであると迫り、同年一月からクウェートに派遣されていたドイツ陸軍の生物・化学兵器防護用のフックス装甲車部隊を撤収すべきであるとまで進言している。

シュレーダー首相の判断に大きな影響力を与えたと思われる人物が、グラスなどの作家や知識人だということは注目に値する。グラスやフランクフルト学派の祖であるユルゲン・ハーバーマス（Jürgen Habermas）等のオールド・リベラリストが国の行方を左右するほどの影響力をいまだに持っているとすれば、統一ドイツは一昔前の日本以上に平和主義的になっているということである。このことはロバート・ケーガンの指摘を待つまでもなく、カントも羨むような平和主義がドイツの国民と政府に浸透していることを意味している。

「ドイツの欧州」か「欧州のドイツか」という問いかけに対し、ドイツは常に「欧州のドイツ」の路線を歩むことによって欧州統合の推進役、大西洋同盟の機軸国として振舞ってきた。しかし、ここにいたって「ドイツはドイツ」（ドイツの道）という独自路線を歩み始めているのではないだろうか。これは「かつて来た道」の軍事強硬路線を意味するものではないが、米国にものは言うが危険な問題にはあまり関与せず、一国平和主義的に「引きこもるドイツ」という新しいドイツ問題が登場してくる兆しの一端を示しているのかもしれない。

ドイツの過去の克服と矛盾

ドイツ政府も国民も、イラクへの攻撃に反対した大きな理由のひとつとして、ドイツが過去に何度も戦争を経験し、ドイツ人ほど戦争のもたらす災禍を知り尽くしている国民はなく、その意味で戦争には賛成できないということをよく語る。これは必ずしも間違いではないが、物事の半分の面を語っているにすぎず、少しコメントを必要としている。ドイツを知る者として言いにくい面もあるが、ドイツ人にもそのことを考えてもらいたく、またパシフィズム病が蔓延しないためにもあえて指摘しておく必要があると思われる。

ドイツ人や日本人が、その悲惨な戦争体験から「戦争はもう嫌だ。われわれは戦争の悲劇を一番よく知っている」という気持ちを持っていることは否定されない事実である。特に、日本は唯一の被爆国であり、核の惨禍が二度と起こってはならないとして原爆の怖さを世界に訴えてきている。戦勝国か敗戦国かとは関係なく、日本もドイツも人類に対して果たすべきモラリスト的役割は確かにあり、人類が愚行を繰り返さないように訴える道徳的責務もあるであろう。しかし、それだけでは第二次世界大戦の教訓をすべて学びとったことにはならない。独裁には宥和してはならないという、もうひとつの教訓を語らずに自らを反戦・平和の旗手をもって任じることには独善の香りをかぎとらずにいられない。

一九四四年七月二〇日、シュタウフェンベルク大佐（Graf von Stauffenberg）によるアドルフ・ヒットラー・ナチ総統に対する暗殺計画が実行されたが、結果は未遂に終わった。今日ドイツ人は、あのような独裁政権下で蜂起（Aufstand）が行われたことを誇りに思い、市民の勇気（Zivilcourage）の好例として六〇年前のシュタウフェンベルク大佐の行動の再評価が行われている。また、二〇〇四年六月六日の連合軍のノルマンディー上陸作戦（D-Day）六〇周年記念式典にシュレーダー首相がドイツの首相として初めて参加したり、同年八月一日のポーランドのナチスへの抵抗記念（ワルシャワ蜂起）六〇周年式典にも出席するなど、ドイツが近隣諸国との和解に今も真剣に取組んでいることは高く評価されることである。しかし、あのヒトラーという独裁者をドイツ人が自らの手で排除することができず、米・英連合軍による外からの解放（敗戦）によって初めてドイツ人が自由となったという紛れもない事実の存在を忘れてはならないであろう。

日本においても、軍部独裁の軍国主義に対して国民一般はなすすべがなかった。独裁にせよ、全体主義にせよ、軍国主義にせよ外からの干渉なしに民衆が解放されることは極めて稀なことである。最近の例でも、NATOの空爆を含む外からの介入によってユーゴの独裁者ミロシェヴィッチ大統領の圧政から解放されたコソヴォとセルビアの例がある。イラクにもいずれ同様の評価が行われることを望みたい。

独裁の災厄にどう対処すべきか、宥和は最悪の結果をもたらすということをドイツ人自身が自らの体験の中から学び取りドイツの外交政策に反映させる努力をしない限り、ナチスの悪行を断罪し、すべての責任をそこに押し付け、ドイツ国民には責任はなかったとする戦後ドイツの過去の克服の論理はいずれ限界に到達すると思われる。ナチスと反ユダヤ主義を生んだドイツ社会とドイツ国民一般に共同責任があったと断じ、一九九六年当時「新たな歴史家論争」としてドイツでセンセーションを巻き起こした、米国ハーバード大学の政治学者ゴールドハーゲン（Daniel J. Goldhagen）がその著書（"Hitler's Willing Executioners"）で指摘した問題（ドイツ国民の共同責任論）がいずれ再燃してくる可能性も排除されない。

ドイツ人が真剣にナチスの断罪をしてきただけに、あまりこのことが徹底すると逆にドイツ人の中に「我々もナチスの犠牲者である」との被害者的歴史観が鎌首をもたげてきて、過去の歴史の相対化が起こりかねない。昨今、ポーランドやチェコから戦後追放されたドイツ人（Heimatvertriebene）の記念碑をベルリンに建てようとの動きに両国が反発しているのも、このようなドイツの過去の相対化現象への近隣諸国の懸念の一端を示すものと見ることができよう。スターリン時代のソ連の粛清に関して、ユダヤ人も犯罪民族（Tätervolk）であったと発言して二〇〇三年一一月に野党CDU（キリスト教民主同盟）の連邦議会会派から除名されたホーマン（Martin Hohmann）議員のような例も生じている。昨今、ドイツのみならずフランスにおいても反ユダヤ主義（anti-Semitism）の動きが見られるのも、このような欧州レベルでの歴史の相対化の兆候を示すものと思われ、ここにパシフィズムと宥和のもつ負の側面が顕在化する危惧が感じられるのである。

国民の不在

同じことはイラクについても言えることであるが、独裁者の横暴を阻止できなかったことは国民の責任ではないという、「国民意識を欠く市民」（山崎正和、二〇〇三年七月六日、読売新聞「地球を読む」）

の蔓延につながってくる。「（イラクでは）圧倒的な多数は『一般市民』と呼ばれ中間に立って現状を不満げに傍観している民衆という奇妙な風景が展開されているらしい」（前掲、山崎）ということになる。罪はすべてナチスに帰属させ、過去を徹底的に反省する代わりに、ドイツ民族の未来のために民族としての罪は認めようとしないドイツと一億総懺悔をして国民全体に戦争責任があったとしつつも過去の克服はドイツほど徹底していないとみられがちの日本である。

しかし、日独両国とも敗戦の中から立ち上がり、国民が一丸となって国家と社会、経済の再建に邁進した。そこには傍観者的市民は存在していなかったと思われる。この点がイラクの戦後と日独の戦後が異なる点である。余りにも早く米軍による占領が実現したため、国を占領されたことの意味がまだイラクの国民に正しく理解されていないように思える。確かに独裁者は追放されたが、自らの解放のために戦った実感のない国民が大半を占めるイラクには勝者も敗者も存在しない。真の意味の解放感も敗北感もイラク国民の中に存在しないことがイラクの問題状況をさらに複雑にしているのではないかと思われる。イラク戦争とは何のための戦争であったのか、だれのための戦争であったのかがイラク国民に理解されていない国民不在の戦争であったのであろうか。

イラクに対する戦争という手段が果たして適切であったか否かは今後も議論され続けるであろう。しかし、だからといってパシフィズムと宥和政策は非民主主義的な独裁政権に対する国際社会の責任ある対応にはなり得ない。北朝鮮についても同様でありコソヴォのケースも然りであるが、民主主義を標榜する国際社会が一つの声で政治的な圧力を掛け譲歩を求め続けなければ、独裁者は決して理性的に振舞うことはないということである。独裁者への宥和を繰り返してはならないとのチェンバレンの教訓を改めてかみしめることが、今後の国際危機管理においてますます必要となってくるものと考えられる。

第五章　国益を超える日本外交

一　日本核武装論批判

ためにする議論の落とし穴

北朝鮮の核兵器開発とミサイル発射という北東アジアの危機を契機として、日本も核武装をするのではないか、核兵器を持つことが政治的、軍事的に日本の安全保障にとって意味のあることか、また憲法との関係で許されるのか否か等が内外で論じられてきた。そのような議論の中で、日本の経済的な影響力の低下とナショナリズムの高揚との関連で日本の核武装の危険性を論じたものまで出現した(Eugene A. Matthews "Japan's New Nationalism," *Foreign Affairs*, November / December 2003)。

ただ、この日本核武装論は、例えば日本の安保理常任理事国化の議論のように(賛否両論があるにしても)日本国内から内発的に起きているというよりはむしろ、米国の政治家や行政府関係者、学者の警告的発言として提起され、それが日本国内で増幅して論じられるという外生的なものであることに留意する必要がある。日本政府も国民の多くも、日本の安全保障上の現実的なオプションとして核武装を考えているわけではないし、北朝鮮の核開発の問題はあるにしても、日本の核武装を切実な問題としてとらえているわけではない。その点、マスコミを通じて聞こえてくるアメリカの「警告」はどこか思わせ振りで、ありがた迷惑の感を免れない。これは「日本の核武装」を論じることで別の何かを達成しようとする政治的意図が垣間見られるからだと思われる。

誰がどのような目的で「日本核武装論」を提起しているのだろうか。もっともそれが誰であれ、日本に核武装を真剣に促すために行われている議論でないことだけは確かである。推察するに、米国の政治家や高官の発言の宛先は第一に中国であり、第二に北朝鮮であり、第三に米国民であると考えられる。その理由については後で述べるが、日本国民および政府は自らに関する根も葉もない噂を流布されて本来憤慨すべきなのであるが、今のところ聞き流す（面と向かって問われれば否定をする）という冷静な対応をしている。この日本の冷静さは、北朝鮮の核問題を解決する上でも重要な鍵のひとつとなると思われるし、二一世紀の日本の外交と安全保障を考えるに際しても根本的に重要な姿勢であると考える。

外国発の日本核武装論はありがた迷惑な議論であり、まともに対応すべきたぐいのものではない。その意味では、日米安保条約を米国および日本の一部の識者が時々「ビンのふた」（米国が蓋の役割をして日本の暴発を防いでいるとの趣旨）と呼ぶような見識のない諧謔のたぐいである。このありがた迷惑な日本核武装論に触発されて、国内でも様々な識者がこの問題を論じたり感想めいたりしたことを述べているが（櫻田淳「『日本核武装論』は安全保障論議の徒花である」『中央公論』二〇〇三年六月号、佐伯啓思「日本核武装の資格と限界」『中央公論』二〇〇三年九月号、中西輝政「日本国核武装への決断」『諸君』二〇〇三年八月号、青山繁晴「日本核武装を否認する」『諸君』二〇〇三年八月号、および『諸君』二〇〇三年八月号に掲載された四二氏の意見等を読めばこの問題をめぐる論点がほぼ浮かび上がってくる）、その中で冷静かつ適切に論を進めているのは櫻田淳氏と青山繁晴氏の論文であると思われる。今後の日本外交と安全保障政策との関連で重要と思われるポイントについて、筆者の考えを述べることにしたい。だが、その前に日本核武装論が米国からの警告として発せられていることに関して一言触れておかなければならない。

フランスの核武装というトラウマ

どの国にも外交上のトラウマ（心的外傷）が存在するものである。そして、そのトラウマを繰り返させまいとして行動する国民性というか、外交上のDNAのようなものがある。いくつか例を挙げれば、ヒットラーの侵略の意図を見抜けなかったチェンバレン（Arthur Neville Chamberlain）英国首相の宥和外交（アピーズメント）を反省して、独裁国家への宥和を拒否する英国の外交的伝統、軍事的敗北を喫しつつも、勢力均衡で国を救うフランスの威信外交（ウィーン会議におけるタレラン外交、第二次大戦後のドゴール外交）などがそれである。

米国の核兵器（大量破壊兵器）に関する外交にも特異なものが存在する。他国による核兵器の保有に対する米国の不安、核の拡散に対する脅迫観念の存在とこれに対抗しようとする米国外交のDNAである。周知の通り、米国の同盟国でありながら米国の絶対的優位を嫌って核武装を行い、その結果独自の「大国」路線を歩んできたのはフランスである。

フランスが核を持つに至った遠因は、一九五六年のスエズ動乱での英仏の軍事行動（スエズへの軍の派遣）に対する米国の強硬な反対とそれにより撤兵せざるを得なかったフランスの敗北感にあると言われる。しかし、直接の原因は一九六〇年代のソ連の核兵器とミサイルの開発に対して、米国の拡大抑止（核の傘）が真に機能するのかという点に対する不信感の存在であり、そのためドゴール大統領側近のガロワ将軍によってフランスの独自の核開発が進められたのは周知のことである。

米国はこれを悪夢として記憶している。フランスの核開発→NATO軍事部門からの脱退→独仏関係の強化→イラク問題での対米牽制へとつながる伝統的なアンチ・アメリカニズムの思潮は、フランスの核武装によって増幅されたと見るトラウマが米国外交の中に染みわたっているように思える。北朝鮮の核開発問題に直面する中でかつて米国の拡大抑止への不信がフランスに生じたのと同様に、日本にもそれと似たものが生じ、フランスと同様の核武装につながるのではないかということを米国が最も警戒していると考えることはさほど困難なことではない。

同盟国の核武装ほどショッキングなことはあるまい。もっとも、スエズ問題で同様に辛酸をなめた英国の核武装は米国主導型の核武装であり、米国は積極的に英国に協力し核実験も米国で行う等、独自に核を開発したフランスへの対応とは異なっている。

米国が最も懸念し、警戒してきたのがドイツと日本の核武装である。ドイツは長い間分断国家という特殊状況に置かれ、かつ冷戦中は一〇数万の大量の米軍が駐留（前方展開）していた。米国はいわば自国軍隊を「人質」として提供しつつ、ドイツに攻撃が行われる場合には一〇数万人の米軍兵士の命も危険に晒されるという覚悟を示すことにより、かつてフランスが抱いたような「リヨンが攻撃される場合、米国はシカゴを犠牲にするであろうか」という対米不信が生じるのを封じ込め、拡大抑止が効いていると観念させた上でドイツの核武装を阻止してきたのである。このアナロジーは日本にも当てはまるが、北朝鮮の核開発問題をきっかけとして、かつての「フランスの悪夢」の再来を米国が懸念し「日本核武装論」という亡霊が出現しているのではないかと思われる。

インドとパキスタンはなぜ核武装したか

核武装するには、それなりの政治的・歴史的背景と目的・理由が存在しているはずである。北朝鮮の核開発疑惑については、①冷戦構造の崩壊により対米関係を重視するロシアと中国からもはや軍事・安全保障面での支援を期待できないとの孤立感、②ブッシュ大統領の登場と北朝鮮の「悪の枢軸」国家への指定による屈辱感、③先制的自衛を容認するブッシュドクトリンの採用とそのイラク戦争での実践により、北朝鮮も実際に攻撃されるかもしれないという恐怖感の存在等の政治的・歴史的な背景が存在している。動機も理由も明確であり、現体制の延命と米国から攻撃されないための唯一の方法として核保有を選択しようとしているものと思われる。

この点でおそらく北朝鮮が前例として参考にしようとしているのは、事実上の核兵器国となったインドとパキスタンのケースではないかと思われる。両国の例が示すとおり、核実験を行い核の保有に至れば国際社会の制裁は短期的には行われるが、その後は敵対する国からの攻撃、軍事進攻は抑止できる。そして、国際社会も一定期間が過ぎれば、核の保有を既成事実として受け止めざるを得なくなることを見越しているのではないかと思われる。

すでに述べたように、いかなる国といえども核武装するには切羽詰まった理由と動機があるのであり、単なる「普通の国」への願望や「主権国家の証明」のような他国に伍してゆくための大国主義の道具として核をもてあそぶことは危険きわまりない妄動である。独裁者による「持ってみたい」という幼稚な願望（櫻田淳　前掲論文）が動機である面もなくもないが、一国が核を持つ理由はインドとパキスタンの核保有の経緯が示しているように、国家の生存にかかわる恐怖感、国際社会による裏切り、敗北感、屈辱感という国家理性に決定的な影響を与えるマイナス要因が耐え難いかたちで存在してきたことに求められる。

一九九八年に行われたインドとパキスタンの核実験は、開発途上地域およびイスラムとヒンドゥ文化圏に核が拡散した象徴的なケースである。その背景を知ることはこれ以上の核の拡散を防ぐ上で意味がある。それから見れば、北朝鮮の核疑惑による直接の脅威があるとはいえ、日本国内もしくは米国発の日本核武装論がいかに実体と根拠を欠くものであるかが理解されると思う。

インドとパキスタンの核開発（核兵器国への道）の背景とそれがもつ意味についての分析としては、西脇文昭氏の著書『インド対パキスタン』（講談社現代新書、一九九八年）が多くの情報と示唆を与えてくれる。西脇氏によれば、パキスタンの核開発の理由はカシミール問題にあるのではなく、巨大すぎるインドの存在への恐怖の歴史と冷戦終焉後の米国の対パキスタン政策の変更による米国への不信感の存在にあったとされる。

パキスタンがインドから分離して以降、第三次インド・パキスタン紛争に至るまで常にインドに敗北を喫してきたパキスタンにとって、インドによる核実験の再開（一九九八年五月一一日）に対抗する手段は自らも核実験するしかない（一九九八年五月二八日実施）という恐怖の連鎖によるものであったと言われる。これに対し、インドの核開発は中国への対抗という大国主義的な面も存在するが、これもまた国際社会に二度も裏切られたという、追い詰められた心理的圧迫が存在したことが指摘されている。

具体的に言えば、一九九五年五月のNPT（核不拡散条約）無期限延長の決定と一九九六年九月のCTBT（包括的核実験禁止条約）の採択により、インドの従来の主張（NPTの差別的な状態＝核のアパルトヘイトを永久固定してはならない、核兵器国は核廃絶目標を期限付きで表明すべし等）は完全に無視された。このような外交的屈辱により、インドは「核兵器国への道」を決断せざるを得なくなったとみられている（西脇、前掲書）。

もちろん、二四年前に行った核実験データーを更新することが必要になったという軍事的な要請が存在したことも指摘されているが、国際社会による制裁（援助の凍結や一時停止等）という高い外交コストを払ってまで実験を行ったインド・パキスタンの例は、生存への恐怖、外交的屈辱感、国際政治構造の急激な変化（米国の戦略の変更）による焦燥感など緊迫した現実と歴史的背景が存在していることを示している。

無論、国際社会はそのような理由と背景を核武装のための論理として容認するわけではない。両国の核開発は（両国ともＮＰＴ条約締結国ではないので）国際法的にはともかく、政治的には正当化されるものではない。以上のとおり、一国の核武装の背景には、自国の安全保障や至高の利益の侵害に加え敗北感や屈辱感が長期かつ深刻なかたちで存在しているのであるが、このような状況が果たして今の日本に存在しているのであろうか疑問である。

日本が核武装する必要がどこにあるのか

インド、パキスタンなど米国の拡大抑止（核の傘）の及ばない非同盟の国が置かれてきた安全保障環境と現在の日本が享受している状況には大きな差がある。

日本は日米安保条約により米国の拡大抑止の下にある国であり、冷戦中も冷戦終焉後の今日もこの拡大抑止が効果を発揮してきていると見てよい（ただ、「抑止のパラドックス」と呼ばれるように抑止はそれが効いている時には実感されないものであり、崩れて初めてその存在、不存在が分かるという逆説的性質のものである。いわば安全保障面での酸素のようなものである）。また、北朝鮮の核開発問題との関係においては、アーミテージ前米国務副長官や米政府の高官が度々言明しているとおり、米国は日本に攻撃が行われる場合、日本を守るという政治的意思を対外的に表明しているのであり、この米国の拡大抑止のもつ意味はインド、パキスタンの置かれた状況とは全く異なるものである。

そのような拡大抑止に守られた日本が、核兵器開発疑惑のある国に対して核開発を思いとどまらせようとする際、アメリカの核の傘の下で最大の利益を受けている国が何を言うのかとの批判に必ず逢着する。しかし、二度の被爆体験を有する国が世界のどこに存在しているのか問うてみるがよい。そのような歴史に立脚する立場から核の廃絶と核軍縮を訴えることと、戦争を放棄し、武力行使を行わない自国の安全保障のためにやむなく核抑止の恩恵に浴していることは政治的・道義的に矛盾するものではない。

日本は米国に拡大抑止を提供してもらっているが、だからといって丸腰でなければ核廃絶を訴えてはならないということにはならない。喩えは悪いが、銃の被害者が銃社会の撲滅を訴えて無法地帯に入るときに身辺警護をつけて訴えているようなものであるが、警護なしの丸腰で行動せよと言われてそのようにする被害者は恐らくいまい。彼らと同じ立場に立つために日本が安保条約を破棄して丸腰になったり、その逆に核武装したりする必要性や必然性はどこにもない。核兵器はこの先二度と使われることがあってはならない兵器であり、このことを外交的に確保していくのが核の惨禍を被った国の役割でありかつ責務であると考える。

核兵器が抑止力を持つためには、使うかもしれないという脅かしが前提になる。MAD（相互確証破壊）の論理は、リスクに関する合理的計算ができる通常の国家間では機能するが、失うものがない独裁国家や破綻国家そしてテロリスト相手にはそのような効果は期待できないというのが米国の新国家安全保障戦略（いわゆる「ブッシュドクトリン」）の基本的な考え方であり、そこから議論の多い先制的自衛という戦略が出てくるのである。そうであるなら、仮に日本が核武装をしたところで、これらの非理性的な脅威に対する抑止力としてはほとんど意味をなさない。また、合理的計算ができる相手（普通の国）の場合核抑止は心理的に有効であるとすれば、米国の核抑止は日米安保条約がある限り日本にとっては最適のオプションであり、これを離脱するメリットはない。

したがって、当面日米安保条約が続くことを前提に考えれば、日本が対応すべき脅威（＝テロやテロ支援国家からの攻撃）への対抗は通常兵器で十分であり、それ以外の選択肢は考える必要がないということになる。識者や専門家が指摘するように、日本防衛の手段としては最先端の通常兵器（精密誘導ミサイルを含む）やミサイル防衛システムの開発が重要であり、核のオプションは現実問題としては存在していないというべきであろう。

だが、日本の核武装の是非が問題となるのは、将来何らかの理由で日米安保条約が終了し日本が独自の防衛を考える場合である。同盟が未来永劫続くことはないという意味でこのような可能性は理論的にゼロとは言えない。その場合の日本の核武装の可能性については、ＮＰＴ条約をどうするかという問題はあるが、政治的にはオプションはオープンでありその時点での国際情勢、安全保障環境如何によって決まるものと思われる。当面あるいは予見しうる将来ということであれば、核武装のオプションは日本の政策には存在していないと言ってよかろう。

日本のイメージ抑止力

ジョセフ・ナイ（Joseph Nye）米ハーバード大学教授の提唱するソフト・パワー戦略は日本でもよく紹介されているが、日本の安全保障戦略においてもう少し活用されてもよいと思われる。もちろん単純にハードな軍事技術よりソフト・パワーが重要であるというわけではない。そもそも安全保障を考える際に、軍事面でのハード・パワーを代替するものは見当たらないが、日本が今後とも核武装を否定し、最先端の通常兵器を中心に防衛力を強化する場合に、核抑止力に似たような効果を日本のソフト・パワーで補強できないかと考えるのが、筆者のいう「イメージ抑止力」である。それは具体的に言えば次のようなものになる。

抑止力については心理的な側面があるが、ジョナサン・シェル（Jonathan Schell）が提唱した「兵器なき抑止力（weaponless deterrence）」の考え方に近いものである。高度な最先端水準を行く日本の産業と技術力を背景として潜在的なポテンシャルを誇示しておくことなどがその中心となる。特に宇宙・航空技術、原子力技術、レーザー、ロボット、半導体、素材技術、ナノテク、核融合技術等の先端技術を中心としたヴァーチャルなイメージを兵器なき抑止力として投影するイメージ戦略である。

この「イメージ抑止力」は「兵器なき抑止力」を陳列するショーウィンドウのようなものといってもよいだろう。米国の拡大抑止と日本のイメージ抑止力が日本の通常戦力と合体すれば、抑止に関しては核武装せずとも相応の効果が期待されると思われる。

ところで日本が核武装できるか否かの憲法論議は国会の審議においても行われてきたが、純粋な憲法解釈論として政府は次のように説明してきている。

「自衛のための必要最小限度を超えない実力を保持することは憲法第九条第二項によって禁止されておらず、したがって右の限度の範囲内にとどまるものである限り、核兵器であると通常兵器であるとを問わず、これを保有することは同項の禁ずるところではない。」（昭和五三年三月一一日参議院予算委員会、真田法制局長官答弁）

もちろん、日本が非核三原則を堅持しNPT条約の締約国であり続ける限り、政治的かつ法的オプションとしての核武装はありえない。これらの前提条件が将来的に崩壊するような事態が到来する場合に、理論的オプションとして核兵器の保有がありうることを議論することは政治的な選択の問題としてはともかく、憲法上の問題はないと考える。

広島・長崎の今日的意義

イメージ抑止力以外に、日本が有している道徳的、倫理的な抑止力として広島・長崎の存在がある。日本国内ではこの広島・長崎がとかくイデオロギーの問題として扱われたり、過度の対米配慮もあったりしたため、日本外交における位置づけが必ずしも十分に明確でなかった面もあった。しかし、今日、原爆体験が徐々に風化してくるにつれて人類の未来への警鐘としての広島・長崎の政治効果が逓減することが危惧されている。「広島・長崎の被爆体験を感傷的に反芻していられた時代はもはや決定的に去ったのである。」（中西輝政「日本国核武装への決断」『諸君』二〇〇三年八月号）といった意見もあるが、感傷的な対象として広島・長崎を捉えるのではなく、核拡散が進み核の使用の可能性がむしろ現実味を帯びてきている「第二次核時代」の国際政治の現実の中で、広島・長崎の教訓をどう生かしていくのかを日本と世界が真剣に問い直してみなければならない状況に立ち至っていると思われる。

核が二度と使われることのないよう警告を発し続ける責務を放棄することは無責任な態度であり、日本としてはとれるものではない。あたかも、ユダヤ人自身がアウシュビッツの体験を語る時代はもう終わってしまったと言うようなものである。人類の文明を守る観点からも広島と長崎は決して風化させてはならない。戦争は悪であり、繰り返してはならないというだけの議論を超えた人間の道徳と倫理の問題であると考える。そのような道徳的、倫理的抑止力を広島・長崎は日本と世界にもたらしている。日本は、このことを国益を超える次元での普遍的な人類の遺産として一層効果的に外交に生かしていく必要がある。

日米関係への悪影響という国益の損得勘定の中で埋没してしまいそうだが、被爆国日本だからこそできる人類への貢献という高邁な外交努力を「第二次核時代」の現在、真剣に模索する必要がある。広島・長崎の原爆体験が徐々に風化しつつある今日、広島・長崎の体験を主として両市やイデオローグに任せてきた日本全体の責任と今後の取組みが問われているのである。核戦争を防ぐという使命を人類全体の理性として共有する上で、今後日本政府はこれまで以上の努力をしなければならない。

日本核武装論は、すでに述べたとおりなんらの現実的必然性も政治的な妥当性もない「安全保障論議の徒花」（櫻田）であり、実利のない議論である。日本にとって今後とも必要な戦略は、通常戦力を必要に応じ質的に強化してあらゆる事態に柔軟に備えるとともに、米国の抑止力と日本のイメージ抑止力を効果的に活用しつつ、核戦争だけはなんとしても回避するために広島・長崎の惨禍を九・一一テロと同様に人類に想起させ続ける二正面戦略であると考える。

二　協力的安全保障のすすめ

何が問題か

冷戦終焉後、民族・地域紛争やテロが世界各地で頻発している。全面核戦争の危機は当面遠のいたが、インド、パキスタンの核実験そして北朝鮮やイランの核開発問題に見られるように、途上国への核拡散が続いている。通常兵器は世界全体の貿易量こそ減少しているが、アジアにおいては軍の近代化が行われており、兵器取引は中東を上回る最大の伸びを示している。世界がより安全になっているという感覚は率直にいって感じられない。

一九九〇—九一年の湾岸危機を契機に一時的に期待の高まった国連を中心とする集団安全保障は、ソマリアにおける平和執行の失敗、コソヴォ危機での安保理迂回、イラク戦争での安保理の分断、そして米国の国連離れで空洞化している。現実の危機に対処するためには、NATOや日米安保のような同盟や危機のたびに形成される有志連合に依存しなければならないのであろうか。

現在、国際社会が必要としているのは、「個別的自衛か集団的自衛」か「地域安全保障かグローバルな集団安全保障」か「同盟か国連」かといった二者択一論を止揚する安全保障概念である。安全保障概念と担い手の多様化（軍事的な手段によらない「ソフトパワー」や「人間の安全保障」の登場）、脅威の変化（テロと大量破壊兵器の拡散）、紛争形態の変化（国家間よりも国内紛争の多発）といった事象を踏まえた柔軟な安全保障メカニズムが求められている。

そのような新たな安全保障概念は、必ずしも国連やNATOなどのような組織化された対処の場をもたず、多極化に向かう国際秩序の中で各国が実行可能な安全保障手段を持ち寄るという階級秩序なき多中心的な概念であり、日本のような軍事面での制約のある新しい形のパワーをも積極的なプレヤーとして迎える幅をもつものでなければならない。

そのような概念として、「カント的平和の世界」と比喩される冷戦後の欧州において一〇年以上にわたり実践されてきている「協力的安全保障」（Cooperative Security）の考え方がある。これを国際社会が共有し得るグローバルな安全保障構想に高め、日本としても自らの安全保障概念として活用していくことができないか、以下において検討していくことにする。

どのような安全保障があるのか

安全保障に関しては、古今東西様々な概念とメカニズムが構想され実践されてきている。大別すれば個別的安全保障と集団安全保障に分かれる。個別的安全保障は、武力行使の原則的禁止が約束されている現代の国際社会においても、国家の生存上最低限必要な権利として認められている自衛権（個別的および集団的）に基づくものである。外敵の攻撃に対して当該国が単独でまたは同盟国とともに反撃をする。これが基本であることは昔も今も変わりはない。他方、集団安全保障は、武力の不行使を約束し合った国家の集団的な行動によって仲間内のルール違反者を制裁しようとするものである。前者のカテゴリーに属する防衛同盟はＮＡＴＯ（北大西洋条約機構）であり、後者の代表は国連である。安全保障の制度的な側面という点では、この二種類のメカニズムは冷戦中も冷戦後も基本的な変化がない。

これに対して、安全保障の構想面では冷戦当時から現在にかけて様々な考えが提唱されてきている。冷戦中のものとしては、全面核戦争の危険から人類の生存を確保するための「共通の安全保障＝コモン・セキュリティ」（一九八二年のパルメ委員会提唱）や第一次、第二次石油危機等に端を発しエネルギーや食料などを含む安全保障の非軍事的・相互依存的な側面を重視しようとする「総合安全保障＝コンプリヘンシィヴ・セキュリティ」（一九八〇年当時に大平首相の研究会等が唱えたもの）などがある。

そして冷戦の終了した現在では、環境や麻薬、感染症、貧困など人類の生存を脅かす地球規模の問題への対処として「人間の安全保障＝ヒューマン・セキュリティ」という概念がＵＮＤＰ（国連開発計画）や「グローバル・ガバナンス委員会」の報告書において提唱され、現在、日本などを中心に推進されている。しかしながら、これらの安全保障概念はそれに共鳴する国々の個別の外交政策的な手段として止まっており、国際的な制度・組織上の裏付けを欠いている。

これに対して「協力的安全保障＝コォオペラティヴ・セキュリティ」という構想は、冷戦の終焉とともに東西対立の解消した欧州において提唱され、一九九〇年一一月のＣＳＣＥ（欧州安保協力会議と呼ばれ現在のＯＳＣＥの前身）パリ憲章によって承認された新しい安全保障概念である。単なる政策的概念にとどまらず、ロシアや旧ソ連邦構成国さらにスイスなどの中立国をも含む欧州五五ヵ国からなる「欧州安全保障協力機構」（OSCE）によって制度的にも実践されているものである。このメカニズムの下で欧州通常戦力（CFE）条約やオープン・スカイズ条約などの軍縮・信頼醸成措置が実現しているほか、紛争防止センターや少数民族高等弁務官の設置、OSCE・PKO構想等が具体的な形で展開されてきている。筆者がこの安全保障の考え方に注目するのは、それが概念の段階にとどまらず、すでに実効的手段として実践されてきていること、個別の安全保障の陥穽を塞ぎ国際協調を促進するものであること、そして空洞化する国連の集団安全保障を補完するものであると思われるからである。

集団安全保障の空洞化

人類は、「目には目を、歯には歯を」の応報主義の時代から正戦論的な戦争観の時代を経て、実に二〇〇〇年近くを費やし、二〇世紀前半に到って不戦条約（一九二八年）と国連憲章（一九四五年）によって戦争および武力の行使を初めて違法としたのであった。二〇世紀における二つの世界規模の戦争という大きな犠牲を払って達成された人類の平和は、国連の集団安全保障メカニズムによって担保されるはずであった。しかしながら、この国連の集団安全保障がその後の米ソの冷戦によっていかに骨抜きにされていったかは説明を必要としない。

冷戦終焉後の一時期安保理は機能するようになったものの、米国のブッシュ政権は国連を中心とする多国間主義を嫌い、現在国連離れが生じている。集団安全保障の中核である国連憲章第四二、四三条の「国連軍」は未だかつて実現したことがないどころか、これからもその設置はほぼありそうもないと考えられる。最大の兵力提供国である米国が国連の指揮下で自国の兵士を危険に晒すことができず、自らの指揮権を委譲しないからである。その他の常任理事国も大同小異であり、ブトロス・ガーリ（Boutros Boutros-Ghali）前国連事務総長の提唱した平和執行部隊と呼ばれる国連指揮下の小規模の停戦遵守を確保するための強制行動に至っては、ソマリアでの失敗に懲りてその実現を推進しようとする動きは皆無である。

冷戦後の地域・民族紛争やテロ等の不安定要因を除去したり、他国の人道的な侵害状況に介入したりするために国際社会が合法的に実施可能な手段は、現時点では安保理決議によってその能力のある加盟国に強制行動（武力行使）を授権する多国籍軍方式しかない。湾岸戦争、ソマリア（UNOSOMIIという PKOに先立つ米軍を中心とする「希望回復作戦」）、ハイチのケースそしてボスニアにおけるNATOを中心とするIFOR（平和実施軍）やSFOR（安定化部隊）も多国籍軍であり、いずれも米国の参加なしには平和と安定が実現しなかったものである。

しかしながら、この安保理によって授権された多国籍軍方式ですら国連憲章に明示的な規定が存在しないとか、国連の指揮が直接及ばないとか、大国の国益に振り回される危険があるとする批判も少なくない（一九九五年一月に発表されたブトロス・ガーリ前事務総長の「平和のための課題の追補」においても多国籍軍方式を次善の策としつつも、その抱える問題点を指摘している。"Supplement to an Agenda for Peace," A/50/60 S/1995/1 para. 80)。そのような意味で国連本来の集団安全保障は空洞化しているといわれ、さらに集団安全保障の中核となるべき安保理の信頼性と正統性が低下しつつある現状と米国の単独行動主義の傾向が空洞化に拍車をかけている。

なぜ協力的安全保障なのか

これまで協力的安全保障とは何かについて詳しく説明してこなかったが、ここで簡単にその概念について説明しておきたい。協力的安全保障（Cooperative Security）には厳密な定義はない。一九八九年のベルリンの壁崩壊から一九九〇年のドイツ統一およびCSCEパリ首脳会議に至る間の敵のいなくなった欧州のポスト冷戦の安全保障秩序構築期において、ドイツのゲンシャー（Hans-Dietrich Genscher）外相が提唱した「協力的安全保障構造」という考え方に端を発しているといわれる（神余隆博『新国連論』大阪大学出版会、一九九五年、一三三頁）。

この概念を積極的に推奨したエヴァンス（Gareth Evans）元豪外相によれば、協力的安全保障は一九八二年のパルメ（Olof Palme）委員会の提唱した「共通の安全保障」（Common Security）と国連の集団安全保障（Collective Security）の双方の考え方を含むものであり、多元的、多国間的で抑止よりも安心感を対立よりも対話を重視する必ずしも組織化されない安全保障の仕組みとされている（Gareth Evans "Cooperating for Peace," Allen & Unwin, 1993, pp. 15–16）。

また、協力的安全保障は予防外交の側面を重視するとともに、軍備管理・軍縮、信頼醸成、透明性の拡大、国際規範を重視し、集団的な強制措置をあくまで最後の手段として捉えるアプローチである。筆者はこれに加えて、安全保障の担い手として主権国家以外の様々な主体（アクター）を活用しようとする弾力的かつ柔軟な構想でもあると定義したい。例えば、非軍事的な脅威への対処においてはＮＧＯ、ＮＰＯや研究機関等のセカンド・トラックを活用しようとするものであり、また軍事的な脅威への対処においては、地域的な機関や取極をも活用しようとするアプローチである。

しかしながら、このような包括的なアプローチにはリアリストや制度論者からは、侵略や武力による威嚇に対して断固たる対応が行えないのではないか、軍事面での制度的な裏付けを欠く安全保障には抑止力がない、ＮＡＴＯのような集団防衛組織のある地域ではともかく、そのようなものが存在しないアジア太平洋においては二国間の同盟による対応しかないといった反論がなされている。もちろん、協力的安全保障の概念は集団安全保障および集団的自衛権に基づく同盟を排除するものではない。したがって武力攻撃等の緊急事態においては、既存の合法的かつ利用可能な手段（個別的及び集団的自衛権や安保理決議に基づく強制措置）によって対処が行われることは言うまでもない。

特に国連の集団安全保障が空洞化している現在の状況下では、厳密な意味での集団安全保障でも集団的自衛権に基づく行動でもない、安保理から授権される多国籍軍や平和支援（Peace Support）ならびに安保理決議や国際機関の要請に基づく人道・復興支援等の中間領域的な安全保障（広義の集団安全保障と言えなくもない）の措置が現実的なものとして意味をもってきている。日本が国際平和協力法に基づいて行うことのできる人道的な国際救援活動やイラク特措法に基づく人道・復興支援などもそれに該当する。このようないわば安全保障の中間領域を埋め合わせる概念として、協力的安全保障という考え方が意味を持ってくるのではないかと考えられる。

そのような協力的安全保障の概念を活用することにより、①国際社会が個別ではなく共同で対処することを指向すること（そのことによって大国の単独行動を抑制し、多国間協調を促進する気運が強まる）、②地域的な安全保障メカニズムの確立とその積極活用に寄与すること、③国連憲章の第六章（紛争の平和的な解決）、第七章（紛争の強制的な解決）、第八章（地域的取極の活用）の間の連携が有機的に強化されること、④それらを通じて国際安全保障におけるグローバル・ガバナンスの強化が促進されるといった利点が考えられる。

今後二一世紀において世界は様々な脅威に立ち向かわなければならない。それは必ずしも国家間の敵対的な関係によって生じるものではないかもしれない。現時点で生じているものも含め、考え得る脅威（人間の安全保障的な要素を除くハードな軍事的な脅威）を列挙すれば次のとおりとなる。

①核兵器国間の新たな対立
②テロ支援国やテロリストによる大量破壊兵器の政治的・軍事的利用
③国家間の通常兵器（小型武器を含む）による武力紛争
④テロや民族紛争等による低強度の地域紛争
⑤一国内の重大な人道的迫害行為（大量殺戮等）

これらの脅威に対処する際に、国連（安保理）が機能する場合もしない場合も含めて協力的安全保障は様々な可能性を提供する。具体的には、核兵器国間の対立を緩和するためには軍備管理・軍縮と信頼醸成の手段が追求される。大量破壊兵器の政治的な利用については、紛争予防ないし平和創造（ピース・メーキング）的な手段が、また国家間の通常兵器による武力紛争については多国籍軍的な手法を用いることができる。地域紛争や人道問題への介入としては、地域的な取極の活用を含む多国籍軍方式やPKOが用いられる。

そして国際社会においてこれらの手段が講じられる場合、それぞれの手段の合法性を確認し、正統性を付与するために安保理や地域的な取極ならびに国連諸機関が決定や要請を行い、各国は憲法の枠内で様々な国際公共財を持ち寄ることになる。このようにして、従来各国がアドホックに対応していた安全保障の手段がより協調的に運用されるようになり、人的・経済的な資源の効率的な活用も可能となる。

協力的安全保障を阻むもの

しかしながら、このような協力的安全保障を実現する上で最大の危険は、かつてのイデオロギー対立に代わる新たな世界的な対立構造が出現することである。遺憾ながら、イラクへの武力行使の是非をめぐり二〇〇三年初頭に生じた米欧間および欧州内部での意見の対立は、単なる戦争か平和かをめぐる対立ではなく、今後の世界秩序のあり方（一極か多極か）をめぐる地政学的な対立構造の到来を暗示するものであり、協力的安全保障にとっては大きな阻害要因になるものと考えられる。

米露間及び米中間でも今後対立は生じうる。たとえばアジア正面においては、南沙諸島や尖閣列島の領有権確保（石油の確保が狙い）のための中国の南シナ海、東シナ海への海軍の本格展開と米第七艦隊との利害衝突、中台関係をめぐる米中対立等が考えられる。これ以外にも、インド・パキスタン間の対立は核兵器の使用を伴う危険があることから最大限の注意が必要である。なお、領土問題や海洋権益をめぐる問題はナショナリズムを刺激する重要な要因のひとつであり、南沙諸島の領有問題以外にも昨今外交問題として表面化しつつある尖閣列島、竹島等の問題は、日、中、韓という北東アジアのキー・プレイヤーが直接の当事者となるので極めて慎重な対処が必要である。

以上のような阻害要因を顕在化させないようにしない限り、協力的安全保障は有効に機能しない。そのような観点からも、今後各国の外交において紛争予防や紛争の平和的解決（ピース・メーキング）の占める比重はこれまで以上に大きなものになってこざるを得ない。米国には単独行動主義の是正と国際協調の重視が、ロシアには自国のガバナンス能力の強化が、中国には国際社会への関与の拡大と北朝鮮の核問題に関する六者協議に見られるような、安保理常任理事国にふさわしいグローバルな役割を果たすことが要請される。いかなる国も国家間の協調システムから阻害・排除されることなく、国際秩序の維持に関与と責任を共有できるような国際関係の構築が協力的安全保障の要諦であると考える。

日本にとっての意味——誰のための安全保障か

昨今、日本を取り巻く東アジア情勢と湾岸（イラン・イラク）や中央アジア（アフガニスタン）の緊張は一刻たりとも油断を許さないものがある。北朝鮮の核開発問題も、中国・台湾関係も、イラクの戦後処理も国際社会が一歩対応を誤れば日本及び地域の安全保障と日米同盟に致命的な結果をもたらし得る。以下にそのような事態への対処を行うにあたって、日本の安全保障政策上重要な意味をもつ問題についての個人的な見解を述べたい。

(1)　集団的自衛権の問題

日本では、長年にわたり「日本は主権国家として、国際法上集団的自衛権を有しているが、憲法上これを行使することは許されない」との憲法解釈が定着している。そしてそのような解釈が、国際平和協力や人道・復興支援等のために自衛隊を海外に派遣する際に大きな制約要因となってきた。PKO（国連平和維持活動）は国連の集団安全保障そのものではないが、国連の直接の指揮下で行われることが慣行として確立した国際公共活動と観念してよいものであり、そのような活動中に行われる自衛のための武器使用は、国連の慣行においては合法的なものと考えられている。また、国連のPKOでは当たり前の任務遂行妨害を排除するための武器使用や他国のPKO部隊や要員を防護することが、日本では正当防衛と緊急避難の範囲を超え憲法の禁止する武力の行使に当たるおそれがあるとして、自衛隊の部隊にはこれが認められていない。

そもそも集団的自衛権は、国連憲章第五一条において主権国家に明示的に認められている国際法上の権利である。日本は憲法上の手続きを踏んで「国際連合の加盟国としての義務を、その有するすべての手段をもって（by all means at its disposal）履行することを約束する」（一九五二年の国連加盟申請に際する岡崎勝男外務大臣の書簡）としてなんらの留保なしに国連に加盟したのであるから、憲法と国連憲章の間で集団的自衛権に関する取り扱いの差が存在することは、普通の国連加盟国として権利義務関係を履行していく上で不自然かつ不都合なことである。

日本国憲法には自衛権について明示的な規定が存在しない。しかし、歴史的にも（国連憲章は一九四五年発効、憲法は一九四六年公布）、思想的にも国連憲章の流れを汲んだものと見られる日本国憲法に自衛権に関する規定が存在しないから、（個別的自衛権は別として）集団的自衛権は法的にその行使が許されないと解釈するのは憲法が成立した当時の法環境に照らしても不自然である。また、日本の国連加盟以降は、憲法第九八条の「条約および国際法規の遵守義務」に鑑みてもすっきりしない。

さらに集団的自衛権については、「国際法上はもっているが、憲法上その行使は認められない」との政府の制限的な解釈に対して、憲法上もっているのかいないのかを明確にする必要があるとの指摘もある（佐瀬昌盛『集団的自衛権』ＰＨＰ新書、二〇〇一年、一七八―一八九頁）。いずれにせよ、今後できるだけ早く集団的自衛権をめぐる長年の神学論争に終止符を打って、国連憲章の規定する世界基準に合わせていく（その方法は解釈の変更から改憲まで様々なオプションが有り得る）必要があるのではないかと思われる。

ドイツの場合は日本と異なり、憲法たる「ドイツ基本法」において「連邦は相互集団安全保障制度に加盟できる」と規定されており、集団的自衛権という文言こそ存在しないが、相互集団安全保障制度に加盟する当然の前提として集団的自衛権の存在とその行使が認められている（基本法第二四条二項）。そしてこの規定に基づきドイツはNATOと西欧同盟（WEU）に加盟した。ただ、武装したドイツの軍隊を地理的にどこまで派遣できるかについては、ドイツは従来NATO条約の適用地域内に限るとして域外（out of area）への派遣はできないと考えられてきた。しかし、集団的自衛権の及ぶ範囲については、一九九四年七月一二日の連邦憲法裁判所の判決によってそれまで明確でなかった新たな解釈（連邦議会の同意があれば武装した部隊の域外派遣は可能）が提示された。当初、政府部内では連邦軍のNATO域外派遣については憲法改正によるべしとの議論があったが、それを行うことなく司法判断による新たな解釈の採用によって解決をみた。

もちろん、日本がドイツのように新たな憲法解釈を採用するか、あくまで正攻法として憲法改正を行うかはすぐれて政治と立法論の問題であるので、国会を中心に議論が行われることが望まれる。

集団的自衛権と憲法の関係をいかに調整するかに関しては、次の四つのケースが考えられる。

① 憲法改正

② 解釈の変更ないし新たな解釈の採用

③ 事情変更（「憲法の変遷」）の原則の援用

④　現状維持

これらのオプションについて見てみると、まず憲法改正が正攻法といえるが、国会の三分の二の賛成と国民投票による過半数の賛成等の手続的要件を満たす必要があり、一朝一夕に実現できるものではない。

次に解釈の変更についてはどうか。これについては、昭和五六年五月二九日の政府答弁書以降確立している現在の政府解釈を変更することは可能だとする見解がある。たとえば栗山尚一元外務次官は、自衛権に関する政府の見解は憲法の枠内の政策であるから憲法改正の必要はなく、総理談話により解釈の変更が可能であると論じている（『外交フォーラム』二〇〇三年九月号）。他方、これとは逆に「文言と全く違う解釈があり得ないのと同様に、以前の解釈と正反対の解釈というのも、解釈の変更としてはさすがに限度を超えている」との指摘もある（浅田正彦「憲法九条の過去・現在・未来」『ジュリスト』二〇〇四・一・一―一五、二八頁）。

前述のドイツ連邦憲法裁判所の判決による新たな解釈の採用については、単なる政府の政策問題として理解すべきではない。憲法裁判所の判決は、法律と同等の効果を持っているとされることから、ドイツ基本法の新たな解釈の採用は法律に基づく措置と見るのが妥当である。「憲法の変遷」の考え方による集団的自衛権の容認の可能性というのは、日本国憲法制定当時には今日のような事態は想定されていなかったが、「後の実行」（サブシクェント・プラクティス）として説明することも不可能ではないというものである。なお、最後の現状維持のオプションについては説明の必要はなかろう。

(2)　「武力行使との一体化論」の見直し

将来、北東アジアにおいて北朝鮮や中台関係をめぐって万が一緊張が生じた場合、安保理においてはおそらく中国の拒否権が発動されるであろうから（特に中台関係については然り）、安保理決議に基づく経済制裁や多国籍軍の設置等の強制的な措置はとれない。安保理が機能しない場合の対処の方法は、次の二通りが考えられる。

第一に、日本周辺での事態については、一九九九年五月に成立した「周辺事態に際して我が国の平和及び安全を確保するための措置に関する法律」（周辺事態安全確保法）に基づいて米軍等の後方地域支援が日本によって行われる。日本に対する武力攻撃ないしその恐れのある場合には、二〇〇三年六月に成立した「武力攻撃事態における我が国の平和と独立並びに国及び国民の安全の確保に関する法律」（武力攻撃事態対処法）によって武力行使を含む日本としての措置が講じられる。これらはいずれも日本の個別的自衛権に基づく措置である。

第二の対処方法は、一九五〇年一一月三日の「平和のための結集決議」（国連総会決議）を活用して緊急特別総会を開催し、勧告決議を採択することである（ただし、総会で三分の二の多数の支持が得られるか否かが問題）。この場合、総会決議には安保理決議のような強制力はなく勧告にとどまるが、国連のお墨付き（正統性）という大儀名分が得られるので、日本も他国とともに勧告措置への協力（ただし憲法の枠内に限る）を実施することが可能となる。

現在、国際平和協力面での日本の協力を円滑かつ迅速に進めるために、テロ対策特措法やイラク人道復興支援特措法等の個別立法（時限法）によらず、恒久的な日本の参加・協力を可能とする一般法の策定の必要性について議論が行われている。その際重要なポイントと思われることは、安保理決議等に基づく多国籍軍等の部隊に日本としてどのような協力（後方支援）ができるかである。

武力行使を伴なう多国籍軍への「参加」は憲法に抵触すると考えられるが、「参加」に至らない「協力」として安保理決議に基づき行動する米軍や多国籍軍への燃料その他の物資やサービスの提供についても、従来より「他国の軍隊の武力行使と一体になるようなもの」は憲法上許されないと解釈されてきている。この解釈にしたがって、上述の個別の特措法においては「非戦闘地域」という概念を設け、そこにおける水や燃料の補給、輸送、医療の提供等武力行使と一体にならないような後方支援は可能として対処してきた。しかしながら、武器、弾薬の輸送については周辺事態安全確保法を除いて実施されないこととなっている。

だが、この一体化論は極めて観念論的なロジックの産物であり、その見直しが必要と思われる。実際に憲法が禁止しているのは日本自身による武力の行使であり、その行為を日本が行うことが武力の行使そのものであると理解される場合のみに禁止の対象を限定すべきではなかろうか。そうでなければ、栗山元次官も述べているように（前掲『外交フォーラム』所載論文）、安保条約に基づく米軍の戦闘作戦行動のための在日米軍基地の使用もこの一体化論によって違憲となるが、それはおかしいということになる。違法なものへの支援行為は、「支援行為が主たる行為である違法行為に一体化されることで違法になるのではなく、違法行為を支援している支援行為そのものとして違法だとされている」（前掲、浅田正彦『ジュリスト』二四頁）というのが国際法の原則であると考えられる。このように、国際法上は法的な一体化論はないとされるが、憲法の解釈においてもこれと同様の解釈を行うべきではなかろうか。

このように解釈し直すことにより、安保理決議に基づく国際公共活動的な多国籍軍に対する後方支援は、戦闘地域か否かの区別なく現行憲法においてもかなりのことが実施可能となる。特に、安保理決議に基づく多国籍軍等の国際公共活動への後方支援的な協力は、典型的な協力的安全保障の措置と位置づけることができる。なお、公海上においてそのような後方支援を行っている自衛隊の部隊や艦船に対して攻撃があった場合には、それが組織的・計画的な武力行使であれば日本として個別的自衛権の発動が行われ、それ以外の場合には正当防衛による対応が行われることになる。

他方、安保理決議に基づかない有志国の共同行動については、国際公益性が付与されないため協力的安全保障の考え方によっても日本が後方支援的な協力を行うことは困難と言わざるを得ない。この点はドイツも同様であり、連邦憲法裁判所の判決により多国籍軍に参加が可能となった現在でも、国連安保理等による正統性のある授権行動または人道的介入の場合に限ってドイツの参加を考慮している。これは集団的自衛権の有無の問題とも関係のない国是の問題、国のかたちの問題であると言える。協力的安全保障の考え方も決して万能薬ではない。

(3) 現実的なオプションは何か

以上述べたとおり、他国の武力行使との一体化論を見直し協力的安全保障という概念を新たな拠り所とする場合、集団的自衛権を援用しなくとも現行の憲法の範囲内でできることは少なくない。また、集団的自衛権の問題についても、仮に政策の範囲内で憲法解釈を変更しようとする場合であっても、一八〇度の転換は憲法の信頼性に鑑み困難だとしても九〇度ぐらいの変更であれば容認されるとも考えられる。

ところで、従来禁止の対象となっている集団的自衛権を実力の行使に関するものに限り、実力の行使にあたらないものは憲法上許されるとする考え方が存在している。佐瀬昌盛拓殖大学教授が著書（前掲書、二〇五―二一〇頁）の中で言及しているが、高村正彦外務大臣（当時）が一九九九年四月に行った国会答弁において実力の行使を集団的自衛権の中核的概念と呼び、中核以外の領域の存在を言外に認めたとして、集団的自衛権の行使に関する憲法的制限を一部緩和する方法がそれである。

確かに、集団的自衛の事態への対処の仕方として実力の行使にあたらない措置が実際に存在することは、九・一一テロ事件に対するNATO諸国の行動によっても証明されている。このテロ行為は、NATO条約第五条により全締約国に対する攻撃事態と認定されたのであるが、それに基づく加盟国の行動は区々であり、米本土上空における早期警戒管制機（AWACS）による警戒任務（実力の行使に当たらない）のための要員派遣にとどめる国（ドイツ等）が大半であった。しかしながら、すでに本書第三章第一節においても紹介したとおり、NATO自身これらの実力行使にあたらない措置を集団的自衛権の措置と認めているわけではない。講学的にはともかく、実力の行使にあたらない集団的自衛権というのはNATOにおいても存在しないということになる。

日本についても集団的自衛権のすべての行使が憲法で否定されているのではなく、集団的自衛権に基づく行動でも実力の行使に当たらないものは現行憲法においても実施可能であるという解釈を採用することは、理論的選択肢としてはあり得ると考えられる。しかしながら、NATOの例も示すとおり、そのような実力行使でないものはそもそも集団的自衛権の行使には該当しないのであるから、そのようなものは憲法上問題になり得ないと考えるのが法的にも現実的にも妥当であると思われる。

したがって、最も現実的かつ必要なオプションはすでに述べたとおり、「他国の武力行使との一体化」の解釈の見直しであり、これが喫緊の課題であると考えられる。集団的自衛権を政府の解釈の変更により一挙に認めるオプションは、前述のとおりやや限度を超えているものと思われるが、集団的自衛権の発動を可能とするケースと態様を列挙した安全保障基本法のような一般法を国会で成立させることによって、ドイツの連邦憲法裁判所の判決と同様に法律による憲法の新たな解釈を採用するというオプションはあるであろう。もちろん、これとて国会での審議や国内の世論を納得させる上で決して容易なものではない。

以上のオプションを含め、憲法と集団的自衛権の関係や日本の安全保障の将来像をどう描きどう実現するか、また国民や外国に対してどのように説明するかはすぐれて政治の判断の問題である。ただその際、今後とも国連安保理が有効に機能しない場合があることを考慮に入れれば、協力的安全保障という政策的な概念が一つの有益な方向性を示してくれるのではないかと思われる。

三　危機における日本的誠実外交

利益代表とは何か

国際的な危機が発生した際、国家は特定の国の利益を保護するためにその国の利益代表となって外交活動を行うことがある。戦争等で当該国が交戦国となり、大使等の外交使節を引き揚げざるを得ない場合に、その国の国民や財産等の権利を第三国において守ることが主たる任務となる。幸いにして日本は、戦後、自国の利益代表を他国に依頼することはなくて済んだが、逆に他国の利益代表を務めたことはこれまでに幾度かあった。一九六〇年代にドミニカ共和国でチリ及びハイチの利益保護を行い、カンボディアでヴェトナムの利益保護を行ったことなどがその例である。

余り広く知られていないが、最近の例として、コソヴォ危機でNATOが空爆を行った一九九九年三月から二〇〇〇年一一月までの約二〇ヵ月にわたって、日本はユーゴにおけるドイツの利益保護を行った。空爆が行われる中で、在ユーゴの日本大使館は大和田悳朗大使以下館員が引き揚げることなく大使館を維持し、日本の国益と国民の保護は勿論、少ない手勢で欧州の主要国ドイツの国益と国民の保護まで行ったのである。

これに対して、ドイツのフィッシャー外務大臣より河野洋平外務大臣（当事）に対して深甚なる謝意が表明され、後日大和田大使に大十字功労章が叙勲されている。この事実は、日本が近年行った外交上の危機管理の成功例としてもっとよく知られて然るべきことであると思う。国際的な危機にあって利益代表とはどのようなことをするのか、ドイツがなぜ日本に利益代表を依頼したのか、また日本がこの任務を果たしたことが日本外交にとってどのような意味をもたらしたのかを考えてみたい。

外交上の利益代表（protection of interests）とは、特定の第三国との間で外交関係を有しないかもしくは外交関係を断絶した国に代わって、当該国の利益を保護するために行う外交活動を意味するものである。国際法上の根拠としては、一九六一年の「外交関係に関するウィーン条約」第四五及び第四六条に基づいて、当該外交使節の接受国（特定の第三国）の同意を得て行われるものとされている。

ドイツのケースに即して言えば、ドイツが空爆に参加したためユーゴは同国との外交関係を断絶し、その直後にドイツ政府から日本政府に対してユーゴにおけるドイツの利益を保護して欲しいとの要請が行われた。これを受けて、日独両国政府間で協議を行って具体的に日本がどのような業務を行うかを決め、口上書と呼ばれる外交文書を取り交わし、日本が利益代表業務を引き受けることを約束した。その上で、ユーゴにある日本大使館よりユーゴ政府に対して口上書を以って事前の同意を取り付け、利益代表業務が開始された。

ドイツ利益代表部の設置

利益代表業務を開始するにあたり、在ユーゴの日本大使館内に「日本国大使館ドイツ利益代表部」

という セクションが設置され、日本大使館経由で発出されるドイツ関係の文書には、日本大使館の公印もしくは「日本大使館ドイツ利益代表部」の公印が使用された。

空爆によりユーゴが外交関係を断絶したその他の国については、英国はブラジルに、フランスはスイスにそれぞれ利益代表を要請した。ただ、この英、仏両国は大使館員のすべてを引き揚げたわけではなく領事関係の職員を残していたが、ドイツはいわゆる現地補助員（大使館の業務を補助するために現地で雇用されている者）を除き全員が退却した。

これらの現地補助員もすべて利益代表を行う日本大使の管轄下に入り、職員の車のナンバーも日本大使館の外交官ナンバーに切り替わったほか、ドイツ大使館の建物の門標も「日本大使館ドイツ利益代表部」と書き変えられた。空爆終了後、暫く経ってドイツは利益代表部にドイツ人外交官七名を派遣し、旧ドイツ大使館内で日本大使館の一部として活動を開始したが、外交関係の業務は行うことができず、領事、経済関係の事務処理に限定され、また、ユーゴ外務省と接触する場合には必ず日本の大使または大使館員が同行することになっていた。

何をするのか＝三つのC

利益代表業務はドイツの国家及び国民の利益を保護することであるが、ユーゴとドイツの外交関係は中断されていたので、政治的な利益の保護の意味合いをもつ外交業務は除外されていた。利益代表の主たる業務は、ドイツ人の保護等の領事業務、商務、文化のいわゆる三つのC（consular, commercial, cultural）と大使館の管理等の官房事項であった。

実質的な仕事は、文書送達関係やユーゴ人からの各種照会ならびにドイツ人の保護等の領事関係業務が中心であった。ドイツは、ベオグラード市内に二つの大使館事務所及び大使公邸を持っていたため、これらの建物の管理のために定期的な視察も行われた。デモ隊の投石でドイツ大使館事務所のガラスが破損したとか、大使公邸に人が立ち入ったといった情報を入手する度に日本大使館の館員が見回りに行くなど、空爆が行われていたにも拘らず責任感あふれる対応をしてドイツ外務省を恐縮させたほどである。以下に日本がどれほどきめ細かくドイツの利益保護を行ったか、実例を挙げて紹介したい。

エルナ号拘束事件

NATOの空爆開始（一九九九年三月二四日）直後、ベオグラード北方のパンチェヴォからドナウ河を航行してニュルンベルクに向かう予定であったドイツ・バイエルン州船籍の貨物船エルナ号（五〇〇トン）が、ユーゴのセルビア共和国の国境付近にあるベツダン港で船長以下三名が拘束されるという事件が発生した。

ドイツ外務省からの要請を受けて、現地ベオグラードの日本大使館の長井忠公使他館員が再三にわたりユーゴ外務省と掛け合った結果、一時は関係書類を没収されユーゴの官憲から脅かされていた船長以下乗組員ならびにエルナ号が三月三〇日に無事出港することができた。この事件の解決に日本が尽力したとして南ドイツ新聞やドイツのテレビがこれを伝え、シュトイバー（Edmund Stoiber）・バイエルン州首相からも大和田駐ユーゴ大使宛に感謝の手紙が送られ、まずは一件落着した。

ドイツ民放特派員スパイ容疑事件

四月に入るや、今度は、ドイツの民放の衛星第一放送（SAT―1）のシュニッツラー特派員がスパイ容疑でユーゴの軍警察に拘束されるという事件が発生した。同特派員は出国しようとしたところを官憲に拘束され、車や取材用のカメラ等を没収され、軍事法廷留置所に拘置された。

ドイツ政府の要請を受けて、大和田大使はドイツ人保護の見地からユーゴ側に面会を求めたが、ユーゴ側は引き延ばし作戦をとり、なかなか面会が実現しなかった。ユーゴは、NATO空爆を止めさせるための取引手段として使える弾は何でも使おうとしてNATO加盟国に種々の嫌がらせをしていたのであるが、経済的に依存度の高いドイツとの関係は極端に悪くはしたくないのが本音であったのか、拘束から一〇日後の四月二四日には大和田大使との面会が実現した。釈放までに合計二回面会が行われたが、大和田大使はドイツ語が堪能で会話はドイツ語で行われた。その時のことをシュニッツラー氏は、後日、釈放直後の記者会見で「大和田大使が面会に来てくれた時は、彼が天使のように見えた」と語っている（一九九九年五月一二日、毎日新聞夕刊）。

シュニッツラー特派員のために、大和田大使はドイツ語の書籍や持病の薬等の差し入れもしており、いかにきめ細かな利益代表振りであったかが想像できよう。南ドイツ新聞（一九九九年五月一四日）

によれば、シュニッツラー氏は「大和田大使が大慌てで探し出したミヒャエル・エンデの『終わりなき物語』という本を面会の際に受け取り、日の光も暗い独房の中で三度読んだ」と述懐している。この事件と相前後して、ドイツ人学生のヴェーバー氏がスパイ容疑で軍警察に拘束されていることが判明し、この事件でも大和田大使が軍事法廷留置所でヴェーバー氏と面会をした。前述の南ドイツ新聞は、「ドイツ語に堪能な大和田大使が、夫人と共に懇切丁寧にシュニッツラー氏とヴェーバー氏の面倒を見た。小さなメモはそれを物語っている」と報じている。

この両名の最終的な釈放までには更なる曲折があった。四月一二日に釈放が決定され、両名とも日本大使館で記者会見を行った後、翌一三日に日本大使館の車でクロアチアへ出国する予定でホテルに戻った直後、突如セルビアの警察が現れ、夜半に警察の車でクロアチア国境まで移送され釈放された。南ドイツ新聞はその時の様子を次のように報じている。「両氏は、一一日の夜、更に当惑させられることとなる。予定していた日本大使館の車で国境に運ばれる代わりに、夜中に二人の文民警察官が現れ、即刻荷物をまとめてどことも知れぬ国境に連行されたのである。車の中では一言も言葉を交わすことが許されなかった。車が途中で止まった時、二人は改めて最後の時が来たかと思ったという。」

二人がホテルから車で連れ去られた後に急遽駆けつけた日本大使館員は、その場で警察に抗議するとともに、外務省や内務省に申し入れを行ったが、それ以上は如何ともしようがなかった。翌一三日の早朝に大和田大使はドイツ在住のシュニッツラー夫人に電話をし、シュニッツラー氏がクロアチアに到着したことを確認してこの事件は無事解決をみた。クロアチアで両名と会見したフェアホイゲン

(Günter Verheugen) 外務担当国務大臣の談話として、「日本政府及びベオグラードの日本大使館には、この件に関する助力に対して特に感謝したい」とのプレス発表がドイツ外務省より行われている。

シュピーゲル誌特派員失踪事件

次なるは、コソヴォに取材に行ったドイツの高級週刊誌シュピーゲル (Der Spiegel) のベオグラード特派員フロッタウ (Renate Flottau) 女史が、四月はじめから行方不明となった事件である。ドイツ外務省の要請を受けて、ユーゴの日本大使館は同人が宿泊していたコソヴォのホテルに消息を確かめたり、ユーゴ外務省に保護の申し入れを行うなど四方八方連絡を尽くした。同特派員は、コソヴォでアルバニア人系のルゴヴァ (Ibrahim Rugova) 民主同盟党首のインタヴューに出かけた後、セルビア警察によって同党首とともに何日間か同党首の自宅に軟禁されたが、運良く脱出でき、無事ベオグラードに帰ってきたのであった。同特派員からは日本大使館に対して謝意が表明されるとともに、日本政府が関心をもって同人の消息を尋ねていたことがユーゴ官憲に対して抑止力となっていたのではないかとの感想が述べられている。これらの事件以外にも何件かのドイツ人に関する領事保護事務を行っているが、紹介はこのぐらいにしておきたい。

日本外交にとっての意味

二〇〇〇年一〇月のユーゴ市民の大規模な抗議行動によるミロシェヴィッチ大統領の退陣とコシュ

トゥニッツア（Vojslav Kostunica）新大統領就任後のユーゴの民主化を経て、ユーゴはドイツと同年一一月一六日に外交関係の再開を決定した。その結果、ドイツの在ユーゴ大使館は正式に業務を再開し、この日をもって日本政府による利益代表業務は終了した。この利益代表という一見地味な危機管理は、日本外交にとってどのような意味をもつものであったのか、またこのことからどのような教訓を学び取ることが可能であろうか。

第一に、信頼ということが外交においてどれだけ重要な意味をもつものかが再確認されたことである。ドイツのような欧州の大国が他にも頼むことができたであろうに、なぜわざわざ日本に利益代表を要請したのであろうか。その決定的な理由と考えられるのは、日本はG8の一員ではあるが、NATO加盟国とは異なる独自の立場を維持し、ユーゴ政府も日本を好感していたことが挙げられる。日本は危機的状況において、ドイツの国益とドイツ国民の保護を託するに相応しい存在であるとドイツ政府が判断してくれたのである。フランスがスイスを選択し、英国がブラジルを選択したのも同様な理由によるものと思われるが、日本がドイツの利益保護を行ったことは日独両国の信頼関係を一層強化したに止まらず、欧州諸国の日本に対する再評価にもつながったものと考えられる。大和田大使以下日本大使館の館員は、空爆が継続されるという最悪の環境下で日本自らの国益の保護は勿論、それに劣らずドイツのためにも頑張ったのである。

もちろん、利益代表業務を行うにはユーゴの事前の同意が必要であるが、日本がユーゴにおいてドイツの利益保護を行うことについてユーゴからは直ちに同意が得られた。国際社会から孤立を深めていたユーゴ側の対応を見る限りにおいて、NATOと一心同体ではない日本が動いているかぎりは下手なことはできないとの心理的抑制が少なからずユーゴ側において働いたのではないかと推察される。当然のことながら、ドイツはユーゴにとって経済面で最も重要な国であり、空爆もドイツが主導して行っているものではないことは分かっていたので、ドイツ・ファクターがプラスに作用したという面があったことも否定できない。

ユーゴにおける日本の評判は、空爆下においてもソニーなどがベオグラードに事務所を維持していたこと、かつて旧ユーゴ紛争において国連保護隊（UNPROFOR）というPKOの事務総長特別代表を務めていた明石康氏が、ユーゴを一方的に非難することなく公正な態度をとってくれたこと等から好意的な感情がユーゴ側にあったことも挙げられる。

第二に、他国の利益代表を行ったことは日本外交の幅を広げることにつながったと考えられる。自国の国益を最大限に確保することだけではなく、危機にある友好国の利益を保護することによって日本がより一層信頼できる成熟した国になるチャンスが与えられたと考えることもできる。これこそ憲法前文の謳う「いづれの国家も、自国のことのみに専念して他国を無視してはならない」との精神を静かに実行に移したものである。

夜間になるとNATOの空爆が行われ、中国大使館の建物も爆撃されるなど劣悪かつ危険な勤務環境にあって、一時はわずか五人となった在ユーゴ日本大使館は大使以下館員全員がローテーションを組んで任務に当たったが、そのような戦時下でどの程度まで他国の利益保護を行うべきかは難しい問題である。空爆によって危険が迫ってくる場合には、大使館を一時的に閉鎖して国外に退避することは当初より計画されていたが、その範囲の中で日本大使館は誠意と責任をもって利益代表業務をこなした。

ドイツ外務省からは、呉々も無理をしないようにとのメッセージが何度も伝えられた。しかし、何十年振りという本格的な利益代表業務を無事になし終えた結果は、頼まれた以上やってよかったと言う感慨であったと思われる。利益代表業務を行う上では、日本外務本省と在ユーゴ及び在ドイツの日本大使館、そしてドイツ外務省の四者ががっちりとスクラムを組んで仕事をする必要があった。国を越えた国際的なチームワークの醸成といった面でも、日、独双方とも学ぶ面が多かったと思われる。また、ドイツに対しては、日本人の責任感の強さと日本は信頼に値する国だとの思いを改めて印象づけたに違いない。

第三に、外交上の貸し借り関係は普段からきちんと借りを返しておく、あるいは貸しを作っておくことが将来の保険として重要だということである。グローバル化が進展する世界において、今や地球上に日本人のいない地域は殆どないとまでいわれている。一九九七年五月に、ネズミ講騒ぎで暴動化したアルバニアからドイツ人とともに日本人一一名を救出してくれたのはドイツ連邦軍であった。一九九九年のソロモン諸島の政情不安で、日本人の脱出に協力してくれたのはオーストラリアの海軍であり、またニュージーランドの空軍であった。

このように世界はますます相互依存が深まっており、いつ世界のどこで自国民が他国の世話になることがあるか予想がつかない。憲法上の制約を抱える日本は、自国民の救出ですら直接できる場合とできない場合があり、むしろこれまでは欧米の各国に世話になってきたケースがほとんどであった。それだからこそ、将来の保険と考えて普段から利益代表のような外交上できる協力を行っておくことが、結果として国際社会に借りを作らない国家の在り方として相応しいものと思われる。

まして、常任理事国を目指すような国であってみれば、利益代表業務のようないわば国際公共財を提供する外交は今後も果敢に取組んでいくべきものと考える。これがひいては日本という国の品格と威信を高めることにつながり、もって国際危機管理の一助となるのであればなおさらのことである。

終章　外交の威信回復

「実感主義」を克服し、存在感を高める外交

予防に優る薬はないというが、昨今、予防外交の重要性が強調されていることは望ましいことである。現下の最大の脅威の一つであるテロにしても、テロが生起する根源に遡ってその原因を除去し、更なる発生を予防することが必要であることに異論をさしはさむ余地はない。しかし問題は、そのような予防が実際に行われるためには、歴史の教訓から学ぶことが必要であり、想像力を十分に働かせて危険が察知できた段階でアクションを取らなければ、本当の意味の予防にはならないということである。

ところが日本人は、往々にして頭で理解しただけではすぐに行動に移せない民族的性向があるように思われる。危機が迫っていると警鐘を乱打しても、「狼少年」と見られこそすれ実際に措置は講じられない。阪神淡路のような大震災も、地下鉄サリン事件も、北朝鮮の不審船による発砲事件もそうであるが、実際に犠牲者が出る大惨事が起きなければなかなか重い腰が上がらないという予防不適応症候群的なものを残念ながら持っている。日本は「実感主義」だという表現がこの場合過不足なくあてはまる。

しかしながら、二〇〇一年九月の米国同時多発テロ事件後の日本の取組みは、それに先立つ一〇年前の湾岸危機での外交的敗北の「実感」を踏まえた後戻りのできない危機対応であったためか、対応は迅速、かつ真剣であった。隣国の脅威という点でも、一九九八年八月の北朝鮮によるテポドン・ミ

サイルの日本の頭越し発射だけでは国民はまだ脅威を十分に実感しなかったとみられるが、その後二〇〇一年一二月の北朝鮮の工作船による発砲・傷害事件で日朝双方に犠牲者が出たことにより、日本を取り巻く危機の存在を実感したものと思われる。

今後日本に期待されることは、普段から国民的レベルで危機に対する感受性のレベルを高め、「実感主義」を克服するとともに、一旦緩急があり抜きさしならないところに来る前に予防や対策が講じられる危険管理先進国に早く脱皮してほしいということである。わずか一〇数年前の湾岸危機の際に、イラクによって二〇〇人以上にのぼる日本人ビジネスマンが長期間「ゲスト」という名前の人質にとられたことはなお記憶に新しい。その際、これら日本人の人質の方の中には、万が一のことを考え遺書を書いた人や日米関係の大儀のためならと覚悟を決めた人もいたと後で聞かされた。

ビジネスマンが死まで覚悟するような苦痛と不安を味わったことを重く受け止め、国際危機に際し日本として毅然とした対応を行い、海外における日本国民の生命・財産の保護に努めるのはもちろんのことである。同時に、このような国民の苦痛や犠牲を外交面で生かし、例えばカンボジア和平プロセスで見せたような日本の存在感と発言力を世界に認知させる外交を展開しなければ、これらの人々に報いることにはならないであろう。

このことは、PKOや人道的な復興支援活動に従事するための自衛隊の海外派遣についても同様である。自衛隊員の命がけの貢献は、自衛隊員の意識向上と経験の蓄積のみにとどまってはならない。これにより日本の発言力と外交が強化され、国際危機や紛争の解決を目指す日本政府と日本国民の努力に対する世界の称賛をもたらすものでなければ、そのような命がけの努力に報いることにはならない。

日本は実感主義を克服し、存在感と発言力を高める外交を展開すべきであり、現在進められている外務省と外交の改革もそのような外交を可能とすることに資することが望まれる。幸い日本人のDNAの中には、一度究極的なダメージを受けてそのことを実感した場合には、これを修復しようとする克己の精神も組み込まれている。第二次世界大戦後の奇跡の経済復興はそのことを如実に示している。そうであるならば、たとえ外務省と日本外交が一時的に「死に至る病」に罹っているとしても、その再生は決して不可能ではない。

孤立を恐れず、粘る外交

危機に立ち向かう日本外交の中で最も不足している要素は、すでに第一章においても指摘したとおり神経戦での持久力である。形勢が不利な場合の土俵際での粘りと一時的な孤立に耐える忍耐力である。土俵際の粘りと孤立に耐える忍耐力といえば、イラクや北朝鮮などのブリンクマンシップ・ディプロマシー（崖淵外交）を想像する向きもあると思うが、これは弱者の恐喝という悪い外交の典型例であり、日本の危機管理外交にとっては反面教師とする以外に何も参考になるものはない。日本が参考にできる粘りと孤立を恐れない外交の例は、たとえばフランスに見てとれる。

古くは、ナポレオン戦争後のウィーン会議（一八一四―一五年）においてタレラン（Talleyrand-

Périgord）全権委員（外相）が、第二の革命戦争とナポレオンの復活の可能性を逆手にとって敗戦国の立場から一挙に戦後秩序構築の主要パートナーに踊り出たあの外交である。その顚末については、かつて駐独大使をつとめた宮澤泰氏の名訳になるジャン・オリユー著『タレラン伝』（藤原書店、一九九八年）に詳しく紹介されている。最近の例では、シラク大統領によるフランスの核実験強行の際の孤立とイラク戦争における米国への反目とその後のフランスの疎外及び威信回復のプロセスが挙げられる。もちろん、政策的なスタンスは日本とフランスでは異なっているので誤解のなきように願いたいが、いずれの場合も参考になるのは政策の中味ではなく、あくまで孤立を恐れず威信回復に努める外交プロセスである。

フランスの核実験は、一九九五年五月に核不拡散条約（NPT）が無期限延長されてから、翌年九月に包括的核実験禁止条約（CTBT）が国連総会で採択されるまでの間隙を縫って行われたものであった。核兵器国としてのフランスの威信をかけて行われたこの核実験ほど、「孤立を恐れず、土俵際で粘る」フランス外交の体質を示したものはなかった。シラク大統領は、「四ヵ月後、核実験が終わる頃には、メディアも何も言わなくなるだろう」（軍司泰史『シラクのフランス』岩波新書、二〇〇三年、三六頁）と踏んで、国連総会による非難決議も気にせず国際社会を相手に「一国主義」を貫徹したのであった。

イラク戦争をめぐるフランスの米、英への抵抗については、本書においても紹介したので繰り返さない。その間の経緯は周知のとおりであり、米国のフランスへの反感は大使引き上げ一歩手前まで行きかねなかったほどである。フレンチ・フライド・ポテトの名称が米国議会のメニューからはずされ、フリーダム・フライと変更されるなど影響は様々なところで現れた。しかし、これも核実験同様、時間が経てば収まってくるもので、現にその後のイラク情勢が仏、独の予想していたような混迷を深める事態に発展したことも手伝って、深刻なフランス・バッシングは起こらなかった。

フランスはナポレオン戦争での敗戦、第二次世界大戦での事実上の敗戦（ドイツによる占領と米英による解放）にもかかわらず、常に国家的な危機を外交で乗り切っている。それは、フランスがとってきた政策の中身の是非は別としても、国益と国家の威信のためには一時的に孤立することも恐れず、土俵際で粘り抜くフランス独自の外交哲学とレトリックならびに国民性のなせる業であると思われる。

国内世論と国際世論の両方に耐え抜くことは強力な政治指導がなければ不可能である。日本ならば外国からの反発にどれだけ政治が耐え得るであろうか。フランスとは政治スタイルも信条も異なる日本であるから、同じことをする必要は毛頭ない。しかし、国益だけではなく国家の威信が問われるときには、孤立を恐れず粘り続けることも外交には必要であるという意味において、したたかなフランス外交から学ぶべき要素は少なくないと思われる。

戦後の歴史を反映する外交

外交とは国益と国際協調と国家の威信を確保することであるが、その方法論として何が最も重要かといえば、国民性と歴史を反映する外交を展開することである。流行の言葉で言うならば、その国のもてる魅力、ソフト・パワーによる外交とでも言うのであろう。日本が行う外交には日本人の歴史感や死生観そして日本の魅力が反映される必要があり、外からの借り物の知恵では駄目である。日本自らが長期間自信をもって実践していることでなければ、世界の舞台では説得力を持たない。長い日本の歴史に根ざす伝統的な思考方法でもよいし、戦後六〇年間、日本が平和国家として実践してきたことを世界に投影してもよい。

そのような例の一つとして、湾岸危機が終了した直後、日本が音頭をとって国連総会で実現させた通常兵器の移転に関する国連軍備登録制度の創設がある。イラクにおける通常兵器の過度の蓄積がクウェートへの侵略を許したのではないか、国際社会がそのことにもっと早く気がついていれば侵略を助長することはなかったのではないかとの反省に立って通常兵器の移転に関する透明性を高め、もって信頼醸成と紛争予防に役立てようとしたのである。日本は一九六七年以来、武器輸出三原則を堅持し、武器および武器技術の輸出は対米武器技術供与を除いて行っていない。このような日本の歴史的な強みとモラル上の有利な立場を国際舞台で最大限活用することによって、湾岸危機で日本外交が受けたショックへのリカヴァリー・ショットを放つとともに、日本の国柄、歴史観を売り込んでゆく外交を行ったのであった。

当時筆者は担当の課長として関係国を回り、各国の説得と国連での交渉に臨んだが、戦後日本が歩んできた平和国家としての歴史と武器を輸出しない国柄に裏打ちされ、自信をもって積極外交ができる喜びをどれほど味わったことか。このような構想は今後もどしどし出してゆけばよい。ちなみに、このアイデアは日本とEU（当時はEC）の共同提案として国連総会に提出され、一九九一年一二月の国連総会決議で賛成一五〇、反対〇、棄権二（イラクおよびキューバ）で採択され、国連軍備登録制度として創設され、今日に至っている（詳細については、神余隆博「通常兵器の規制と削減」黒澤満編著『軍縮問題入門　第二版』有信堂、一九九九年、一六四―一七六頁）。

当然のことであるが、日本の行う外交は日本自身が説得力をもって実行できるものでなければならない。外交はその国の歴史と文化に根差す良い意味での自己主張であっていいということであり、その点での遠慮は必要でない。国連軍備登録制度の提案の際もそうであったが、当時、海部俊樹総理とジョン・メージャー（John Major）英国首相が同じような提案をし一時は競合関係にあったが、日本が頑張り、EU（当時はEC）も武器輸出をしていない日本と共同で行動するメリットを見出し、そのうちに共同で推進しようということになったのである。これ以外にも、カンボジアの紛争当事者の東京会議、すでに三回東京で開催されたTICAD（アフリカ開発会議）、アフガニスタン復興支援会議の東京開催、スリランカの紛争当事者の東京会議、すでに日本で二回開催された太平洋島サミット国連防災世界会議等、日本ならではの外交イニシアティヴが少なからず存在する。

日本外交は、日本人の歴史観と日本の存在感を示す説得力のあるものでなければならないが、そのためには何よりも外交の任にあたる者自らが戦後日本の歩んできた道に対して深く共感し、自信を深めなければならない。そのような観点から、外交に限らずどの分野においても日本の戦後の歴史を自虐的に眺めるのではなく、また狭隘なナショナリズムに耽溺するのでもなく、客観的にかつ自信をもって戦後日本の歩んだ歴史を肯定的に確認する作業が必要ではなかろうか。

戦後ドイツの暫定的な首都として、敗戦からドイツ再統一を経てベルリンへの首都移転に至るまでの半世紀を見守り続けてきたボンには、コール（Helmut Kohl）前首相の肝いりで構想から一二年を経て一九九四年に完成した「ドイツ現代史博物館（Haus der Geschichte）」がある。ドイツの敗戦から今日までのボン・デモクラシーの歩みとドイツ現代外交に関する資料を展示しているが、訪れるドイツ人に自信をもたせるとともに、アイデンティティ確認の場ともなっている。イデオロギー抜きのこのような現代史の確認の場所を日本も必要としているのではないだろうか。

日本外交の選択

(1)　東アジアにおける協力的安全保障の実現

中国の目標は二〇〇二年の中国共産党大会で決定されたとおり、二〇二〇年のGDP（国内総生産）を二〇〇〇年の四倍の約三六兆元として、経済大国となることである。それが実現すれば、二〇二〇年には中国の経済規模は現在の日本と同じになる。そのために、国防もさることながら経済建設が最優先の課題となっている（国防力の基礎は経済力にありとの認識）。南沙の領有権主張や最近頻繁に行われている尖閣列島付近の日本の排他的経済水域（EEZ）内での海洋調査活動も石油の確保が狙いとみられる。

中央軍事委員会は一九八五年に、人民解放軍の二大戦略任務として領土と海洋権益の防衛を決定しており、それ以降中国は外洋海軍化を進め、海洋資源の確保と勢力圏の拡大を目指している。いずれ遠からず、中国は経済大国の実現に向けて貿易と資源確保のためにシーレーンを保護する海洋パワー（中国語では「海権」）になるものとみられている。海軍、空軍の近代化もそのために行っているとみられ、ロシアからの「キロ型」潜水艦四隻の購入と八隻の追加購入契約等はそのような戦略の一環とみられる。中台関係も潜在的に深刻な問題であり、双方のナショナリズムが昂じた場合には一触即発となりかねない。中台関係の悪化は米中対立をもたらすであろうから、その影響力はグローバルである。

現在、北朝鮮の核とミサイルの開発問題に目を奪われがちであるが、忘れてならないのは中国の核兵器開発であり、核兵器の小型化と複数弾頭化を進め、二一世紀前半に同国は強大な核兵器国になるとの見方がある。日本としては、朝鮮半島の非核化実現は勿論のこと中国の動向にも注意を怠らず、是々非々の立場で臨み、ODAで浮いた中国の国家予算が直接・間接に核兵器等の開発に使用されることのないよう毅然とした態度を示すべきである。

日米安保条約は、朝鮮半島の不安定、北朝鮮の核問題、中国の核大国化、中台関係の潜在的な危険等、北東アジアにおける不安定要因を考慮に入れれば、できるだけ長期に継続することが日本の安全保障上考えられるベストの選択である。しかし、いかなる同盟も無期限に続くことはあり得ないし、国際情勢もときに予期せぬ展開を示すことがあるので、安全保障については絶え間ない相互信頼のプロセス作りが肝要である。

欧州は、NATO（北大西洋条約機構）やOSCE（欧州安全保障協力機構）という集団防衛と信頼醸成の枠組みを通じて、戦後半世紀をかけてようやく不戦の地域になった。この歴史的な教訓に鑑みれば、アジアにおいても共通の安全保障意識と信頼醸成を促すことが日本とアジアの安定のために重要であると思われる。

他方、アジアにおいて欧州のNATOに相当するような集団防衛組織がないことは、アジア全域を二分するような集団的な軍事的対立が幸いにも存在してこなかったということである。そのような多様性を有する安全保障環境を考慮した場合には、欧州以上に「協力的安全保障」の概念が適用しやすい状況にあるとも言える。

外からの脅威に関する共通の認識がない以上、集団的自衛権に基づくアジア版の集団防衛機構のようなものを作ることは非現実的であるし、国連の集団安全保障も米、中、露という拒否権を持つ大国の安全保障上の利害関係が濃厚に存在しているアジアの地政学的状況では機能することは難しい。したがって現実的に可能なオプションとしては、緩やかな安全保障実現の手段である「協力的安全保障」の考え方をアジアの各国が共有するように外交努力を強化することである。

すでに存在する安保対話のメカニズムであるARF（ASEANリージョナル・フォーラム）の漸進的発展や北朝鮮の核問題をめぐる六者会合（北朝鮮および米、中、露、韓、日）の枠組みの継続等を通じ、東アジアにおける共通の安全保障意識を醸成することが今後の日本外交の重要な課題である。二〇〇三年一二月一二日の日・ASEAN特別首脳会議の東京宣言では、「アジアの伝統と価値を理解する共通の精神を有する東アジアコミュニティの構築を求める」と謳われたが、これを基礎として安全保障面でも息の長いプロセス作りを進めることが期待される。

(2) ピース・メーキング外交の推進

今後、多極化する国際環境の中で日本が独自の政治的な役割を果たしていくためには、紛争予防、PKO、平和構築のような紛争の事前・事後の段階だけではなく、紛争（政治紛争か武力紛争かを問わず）が実際に生じている段階での平和的解決、すなわちピース・メーキング（平和創造活動）に関する対応能力を抜本的に強化する必要がある。将来、安保理常任理事国となる場合に、第一に期待されるのがこの現在進行形の紛争を解決する外交力である。

余談ではあるが、二〇〇四年七月二一日、アーミテージ米国務副長官は訪米中の自民党の中川秀直国対委員長らと会談し、日本の憲法九条について、「九条は日米同盟の妨げのひとつになっている。われわれは日本の常任理事国入りを強く支持してきたが、（理事国入りすれば）国際的利益のために軍事力展開の役割を果たさなければならない。それができないならば、常任理事国入りは難しい。」と述べ、憲法第九条の見直しへの期待感を表明したと報じられている。同副長官は、その後この発言を訂正したが、軍事力の展開能力が常任理事国となる前提条件だとする考え方は国連憲章の解釈としては成り立たないし、日本はそのような前提条件の下に常任理事国入りを主張してきたことはない。常任理事国として何にもまして問われるべき能力は、紛争の平和的解決（ピース・メーキング）能力であり、グローバルなレベルでそのための意思と能力（外交力）を有しているか否かが決定的なメルクマールとなるものと考えられる。

国家として持っている影響力、外交力が試されるピース・メーキングについては、かつて日本がカンボジア紛争解決の際にみせた紛争当事者間の仲介外交のようなものを今後、一層積極的に展開することが期待される。コソヴォ、東チモール、アフガニスタンそしてイラク等の戦後復興に必要な平和構築プロセスに日本が主導的な役割を果たすことは、平和の定着を進める上で確かに重要である。

しかし一方で、紛争終結にとって最も重要なプロセスである政治的解決の場面に関与せず、他人の取った相撲の後始末をするだけでは、日本外交の存在感と発言力の強化にはつながらないと思われる。日本の平和構築と平和定着の努力を正当化し、世界からも日本国民からも日本外交に対する敬意と評価を得るためには、できる限り現在進行中の紛争の平和的解決の政治プロセスに参加し、積極的な役割を果たすかそのようなプロセスを唱導することが必要である。

ドイツ政府が、ボンのペータースベルク迎賓館で紛争当事者や関係国の会議を開催することによってコソヴォやアフガニスタン問題の政治的な解決の道筋をつけたことなどは、そのような外交努力の良い例である。日本政府も、カンボジア以降はスリランカの和平プロセスに積極的に参加しているが、このようなケースを着実に増やしていく努力を通じて国際危機管理のノウハウと人材の蓄積も可能となり、併せて日本の国際的な発言力と国家の威信が確保される。そして、そのようなピース・メーキングの過程において、問題の重要性に応じて現職の外務大臣や総理大臣自らが仲介の役割を演じることにより日本の姿がさらに大きく世界に見えてくる。このような外交は欧米の主要国では日常的に行われており、日本では政治家が関与する紛争の平和的解決の事例が少なすぎることが指摘される。

わずか六〇〇人しかいないノルウェー外務省がなぜ中東和平やスリランカ和平の仲介外交を行い得るのか。中東和平の仲介を行ったノルウェーのホルスト（Johan Jørgen Holst）外相は、仲介が実を結んだ直後に過労がもとで病死したことは記憶に新しい。ノーベル平和賞のお膝元という自負もあるであろうが、ノルウェー外務省全体が和平仲介の業務を重視しており、また同国の持てる民間の専門家の平和創造外交への積極活用という総力外交を展開していることにもその特徴がある。

日本にも、緒方貞子氏や明石康氏をはじめ、このような平和のための仲介を行い得る人材は少なからずいると思われる。これらの人的資源をプールして、総力で当たる「平和創造（ピース・メーキング）外交」を積極的に展開することが重要である。そのためには、高度な判断ができ国際的な名声のある日本の政治家（首相や外相経験者を含む）と地域や特定の事項の専門家集団をプールし、政府が一丸となって取組むとともに、それを支える事務局の存在も必要となる。

これは、日本が提供しうる新しい形の国際公共財であり、日本の国際平和協力をＰＫＯや人道・復興支援、後方支援のみに特化せず、国際政治の表舞台で責任を果たすという意味で、外交本来の仕事である。また、ＰＫＯや復興支援を行う場合でも、それに先立つ日本の政治努力がなされていることは、そのような支援を行う際のアカウンタビリティと正当性を付与する意味で重要である。

(3)　国益と責任に応じた負担

湾岸戦争は言うに及ばずアフガニスタンもイラクもそうであったが、紛争後の復興支援等の負担については、日本は安保理での意思決定に参加していないにもかかわらず巨額の負担を行うことが期待されてきた。

負担の相場として、国連分担率（日本は二〇〇四年で一九・四六八％）に見合う額が期待されることが少なくないが、今後は日本が行う復興支援等の平和構築への支援の具体的な態様については、人道的な支援は別として、国益と責任（意思決定への関与の度合い）に応じて日本が主体的に判断して決めるとの原則をこれまで以上に明確に打ち出すべきである。国益に基づく考慮が行われる場合には、日本が意思決定に参加したか否かとは別の観点から支援の強弱が決められるであろう。

しかしそうでない場合には、安保理での決定に参加したか否か、G8やその他のアドホックな紛争解決メカニズムに参加し、意思決定を共有したか否かで資金協力の規模を判断すべきと考える。あくまで「代表なきところ課税なし」の原則を貫徹すべきであり、そのことを日本は内外に向かって言明することが必要である。最低限このような原則を確立しない限り、日本は気前のよいキャッシュ・ディスペンサーと成り下がり威信のある外交を行うことなどできず、また日本を意思決定に参画させようとの気運を高めることにもつながらない。

日本は安保理での意思決定に参画していないにもかかわらず、イラクの戦後復興については、五五〇億ドルと見積もられる中長期の復興見積もり総額の一〇％弱に相当する五〇億ドルまでの支出を約束しているが、これに対して安保理の意思決定に参加したドイツの負担は二億ユーロと極めて少額であり、常任理事国のフランスにいたっては支援額すら表明していない。両国はイラクへの武力行使に反対の立場であったにせよ、安保理メンバー国としての責任（ドイツの国連分担率は二〇〇三年で九・七七％、フランスの分担率は六・四七％）に応じた負担すら行っていない。

フランスは勿論、ドイツも自らの意に反した財政負担は行わないとの自己主張を展開しているのであるが、ドイツはイラク問題では兵力も資金提供も全く行わないか少ししか行わないのに対し、自らが紛争解決の政治プロセスを主導したアフガニスタンについては、兵力も資金も積極的に提供しているように各国とも国益と威信をかけたしたたかな外交を行っている。

外交における威信の確保

今後出現すると予測される多極世界における勢力均衡的外交ならびに重要性が高まると思われるマルチの外交で日本が存在感を示すためには、リーダーシップ、人材、経験の蓄積が不可欠である。特に人材と経験の問題は、日本外交に関して長年にわたり指摘されてきた問題であるが、米国の四分の一、英国の二分の一、ドイツの三分の二の陣容で外交を切り盛りしている日本は、決定的に人と時間が足りず、したがって組織としての経験の蓄積にも限界がある。外交にこれだけ人的資源を投入しない国も珍しい。外務省の外交要員を増やし、前述のピース・メーキング外交が効果的に行えるよう専門家とプロ集団の能力を強化すべきである。

しかし、外務省の人的機能を強化することだけでは国力に相応しい外交が展開される保証にはならない。リーダーシップ、理念、構想力、想像力といった面では政府部門にそのようなリソースが集中しているとは限らないので、地方公共団体、民間、学会、非政府組織等いわゆるトラックIIと呼ばれる非公式の領域において日本が国全体として持っている人的、物的資源を十分に活用する必要がある。そのような意味で、日本は外交ないし対外政策におけるガバナンス（統治）が不十分であり、国家の総合力に見合った外交を実施するに至っていないのは残念である。

さらに言えば、日本の外交スタイルにも改善すべき点は多い。欧州委員会のパスカル・ラミー前委員は、WTOの新ラウンドをめぐる日本の外交姿勢に関し、次のように述べている。

「静観が日本の流儀だ。攻撃に打って出ず、できるだけ少ししか与えず、できるだけ多くを得ようとする戦術だろう。賢いやり方に見える。……新しい四極体制によって日本の立場が影響を受けるとは思わない。……今回の交渉でもよい結果を得られるはずだ。他者が動いてくれるのだから消耗しなくて済むし、日本はこの新しい体制の中で上手に泳ぐのがいいだろう。」（二〇〇四年六月二五日、日本経済新聞のインタヴュー記事「ラミー欧州委員に聞く」より）。

ラミー前委員は日本のことを誉めているのではなく、皮肉混じりに間接的に批判しているのである。

すなわち日本は自ら危ない橋は渡らないが、いいとこ取りをする「ずる賢い」大国だということを言わんとしているのであろう。これには、反論のあるところではあるが、その前にラミー氏をしてそのように言わしめた理由は何か考えてみる必要がある。

この問題の鍵を握るのは国家の威信ということである。それは、「国益実現だけが外交か」という本書の根本的な問題意識でもある。日本は、ＷＴＯ新ラウンドのような通商秩序という国際公共財を形成する作業や国連安保理改革のような世界秩序構築の動きにもちろん「静観」しているわけではないが、その動きがダイナミックに見えないと思われているに相違ない。

この問題に限らず、多くの外交交渉において日本は水面下ではいろいろと動いている。アドヴァイスをしたり本音を伝えたり、なだめたりすかしたり様々のことをやっていると思う。しかし、肝心の「切った、貼った」の表のプロセスは誰かにやらせて、その傍らでしっかり果実を奪い取ってしまうという態度が見え隠れするとすれば、それは国益実現という外交の必要条件を忠実に守りすぎることによる負の部分（威信を示さない）が出ていることに他ならない。

国内的な制約要因が多いため静観せざるを得ない事情もあるが、今日日本のような真の（経済）大国がパリ講和会議宜しく、国益一点張りの「沈黙のパートナー」であることは到底許されないことである。そのこと一つで、国家の威信の確保という外交の重要な目的を損なっていることに気がつかなければならない。特に、これからの多極化という生存競争の時代は、表で丁々発止と議論し瀬戸際でしつこく粘り、切った貼ったの戦いの場面もしっかり見せて日本の存在感を示した上で、国益と威信の双方を守る「国益を超えた外交」への切り換えが必要である。「大人の」とか「淡々とした」という日本人好みの存在感の薄い透明な外交スタイルからは早急に脱却しなければならない。国柄がみえる正々堂々とした外交こそが日本に適わしいものである。

藤原正彦お茶の水女子大学教授は、産経新聞（二〇〇四年六月二五日）の「正論」において、「日本は守るに足る国家と言えるか」と題し次のように述べている。

「国益……の確保こそすべてに優先する最重要事項であると考える人が多い。誤りである。……国益を求めること以上に重要なことがある。国益を守るに足る国家を作ることである。」

そしてその上で、ポール・クローデル（Paul Claudel＝大正末期から昭和の初めにかけて駐日大使を努めたフランスの詩人・劇作家）が日本の敗戦が濃厚になったとき、パリで語った次のような言葉で締めくくっている。あえてそのまま引用する。

「日本は貧しい。しかし高貴だ。地上に決して滅んでほしくない民族をただ一つあげるとすればそれは日本人だ。」

日本の国と外交を思うとき、深く味わうべき含蓄に富んだ言葉である。

あとがき

早いもので、筆者の外交官生活も三三年になろうとしている。その間、実に多くの先輩や同僚から外交の何たるかを学んできた。外交官という職業は、外国においてこそその本領を発揮すべきものである。外交の最前線という意味においても在外勤務は外交の原点であり、極めて重要な意味をもっている。経験豊かな大使や総領事の謦咳に接することで外交官としての人格形成を積んでゆく。外交も芸を盗むに似たところがある。それでも足りない部分は伝記を読むなどして内外の見知らぬ外交家の遺薫に触れる必要がある。

筆者もいくつかの大使館勤務を経験した。スイスでは力石健次郎大使、中国では鹿取泰衛大使と中江要介大使、最初のドイツ勤務では宮澤泰大使、二回目の勤務では有馬龍夫大使と渋谷治彦大使ならびに久米邦貞大使から薫陶を賜った。明石康元国連事務次長も師と仰ぐ存在である。外交官として今日あるはこれらの諸先輩のお蔭である。惜しくも二〇〇四年四月に急逝された林暘インド大使にも北京勤務以来公私両面にわたりご指導頂いた。

今は亡き中山賀博元フランス大使が一九八〇年から二年間ほど設置された行政改革のための「第二次臨時行政調査会」(いわゆる「土光臨調」)の参与を勤めておられた頃、筆者は外務省から出向して調査員をしていた。ある部会で外交一元化の問題が議論されたときに、一元化は時代遅れだとする何人かの発言に烈火のごとく憤慨し、「外交一元化に何の問題があるのか、戦前に軍部が外交を踏みにじり一元化していなかったことこそ問題であったのではないか」と敢然と反論されたことを懐かしく思い出す。

終戦に至る日本において「当時の廟堂に智者はあったかも知れないが、勇者の無かったことを歎ぜざるを得ない。」（小倉和夫『吉田茂の自問』藤原書店、二〇〇三年、二九〇頁）との往時の関係者の感懐に触れるにつけ、筆者は中山大使の公憤は老いてもなお気概に満ちた外交官の態度だと感心したものである。

外交実務家は学者でも評論家でもない。常に国家と国民に対して責任を負うのであり、マックス・ヴェーバーの言う責任倫理の世界に生きている。試行錯誤は人の世の常であり間違えば責任をとるということであるが、いまの日本には責任はとりたくないという雰囲気が強くなりつつあるのではと危惧する。それと同時に、外交の任にあたる者の気概において政治家も官僚も大事なことが欠けているのではないかと思われる。

その大事なこととは、外交は国益を守ると同時に、国家の威信と国民の尊厳を守るものでなければならないということである。国際的な危機管理においては、場合によっては後者が国益を凌駕するほどに重要であるというのが本書のメッセージである。

この本はもともと国際危機と外交をテーマにしたものにしようと考え、折に触れて寄稿したり書き溜めたりしたものをベースにあるものは書き足し、あるものは新たに書きおろすなどしてわりと長い年月をかけてようやくでき上ったものである。すでに公表済みの小論の転載を認めていただいた関係の方々に謝意を表するとともに、末尾に初出一欄を掲げておく。

本書で取り上げたテーマは、今後とも長期にわたり世界を左右し続けるであろうと思われるものを選択したつもりである。二一世紀における日本外交のためのヒントを多少なりとも提供することができたとすれば、著者としてはこれに優る幸せはない。

本書ができるまでには、何人かの方にお世話になった。特に、信山社に紹介の労をとって頂いた黒澤満大阪大学大学院国際公共政策研究科教授に謝意を表したい。ともに川島慶雄先生に師事した同学の先輩として日頃よき相談相手となっていただいている。また、信山社編集部の有本司氏にもお礼を申し上げたい。貴重なアドヴァイスを頂き、本書の出版に尽力いただいた。このお二人の理解と協力がなければ本書は日の目を見ることはなかったであろう。

さらに筆者のこれまでの外交官生活を有形、無形に支えてくれた妻裕子にもお礼を言いたい。特に在外における外交活動は夫婦で行う共同作業も少なくない。最後に日夜、身を削って外交に精勤している若手の同僚外交官諸君やこれから外交官を志す若者にもこの本を読んでもらいたい。二一世紀は彼等が日本外交を担ってゆく。心から奮闘を祈りたい。

平成一七年二月一日

神余隆博

初出一覧

本書は、第二章と第五章においてすでに公表済みの著者の以下の論文を改訂・増補の上、収録している。その他、幾つか機関誌に掲載された小論もあるが、それらについては敢えて初出に言及しないことで了解を得ている。

第二章　二一世紀はどのような時代か

二　欧州の自己主張とジレンマ

「欧州のジレンマと国連の将来」『国際問題』二〇〇三年一〇月号、日本国際問題研究所

三　国連に未来はあるか

「岐路に立つ国連――これからの安保理改革と日本の進む道」『外交フォーラム』二〇〇三年一一月号、都市出版

第五章　国益を超える日本外交

二　協力的安全保障のすすめ

「協力的安全保障のすすめ」『論争東洋経済』一九九六年五月号、東洋経済新報社

〈著者紹介〉

神余隆博（しんよ・たかひろ）

外務省国際社会協力部長

1950年香川県に生まれる
1972年大阪大学法学部卒業後、外務省入省
ドイツ・ゲッティンゲン大学留学
在外では、在スイス、中国、ドイツの各日本大使館勤務、在デュッセルドルフ総領事
外務本省では、国際連合局軍縮課長、国連政策課長、欧州局審議官などを経て
2005年より現職。法学博士（大阪大学）

1993年より96年まで大阪大学教授として出向（法学部および大学院国際公共政策研究科）。その間、立命館大学大学院（国際関係研究科）客員教授も務める。
1999年から2001年まで東京大学大学院（総合文化研究科）客員教授。
2003年夏学期にはデュッセルドルフ大学にて講義。

〈主要著書〉
『新国連論』（大阪大学出版会、1995年）
『国際平和協力入門』（編著）（有斐閣、1995年）
『予防外交』（共著）（国際書院、1996年）
『現代日本の国際政策』（共著）（有斐閣、1997年）
『軍縮問題入門　第2版』（共著）（東信堂、1999年）
『国際政治経済システム』（共著）（有斐閣、1999年）
『安全保障』（共著）（三省堂、2001年）
その他公表論文多数

国際危機と日本外交―国益外交を超えて―

2005年(平成17年)2月28日　第1版第1刷発行

著　者　神　余　隆　博
発行者　今　井　貴
発行所　信山社出版株式会社
〒113-0033 東京都文京区本郷6-2-9-102
電　話 03（3818）1019
FAX 03（3818）0344
printed in Japan

印刷・製本／あかつき印刷・大三製本
ISBN4-7972-3338-9　C3332　NDC分類319.100
3338-012-0120-030